AROMATERAPIA
A Magia dos Perfumes

O lado oculto dos aromas, sob a ótica da Cabala,
e o inédito trabalho de Aromas dos Doze Raios,
associando aromas, cores e Mestres
da Fraternidade Branca

Luanda Kaly

AROMATERAPIA
A Magia dos Perfumes

O lado oculto dos aromas, sob a ótica da Cabala,
e o inédito trabalho de Aromas dos Doze Raios,
associando aromas, cores e Mestres
da Fraternidade Branca

MADRAS®

© 2021, Madras Editora Ltda.

Editor:
Wagner Veneziani Costa (*in memoriam*)

Produção e Capa:
Equipe Técnica Madras

Revisão:
Arlete Genari

Dados Internacionais de Catalogação na Publicação
(CIP)(Câmara Brasileira do Livro, SP, Brasil)

Kaly, Luanda
Aromaterapia: a magia dos perfumes: o lado oculto dos aromas, sob a ótica da cabala, e o inédito trabalho de aromas dos Doze Raios, associando aromas, cores e Mestres da Fraternidade Branca./Luanda Kaly. – 1. ed. – São Paulo: Madras Editora, 2021.

ISBN 978-65-5620-022-4

1. Aromaterapia 2. Esoterismo 3. Magia 4. Perfumes
I. Título.

21-69533   CDD-133.43

Índices para catálogo sistemático:
1. Magia: Esoterismo 133.43
Aline Graziele Benitez – Bibliotecária – CRB-1/3129

É proibida a reprodução total ou parcial desta obra, de qualquer forma ou por qualquer meio eletrônico, mecânico, inclusive por meio de processos xerográficos, incluindo ainda o uso da internet, sem a permissão expressa da Madras Editora, na pessoa de seu editor (Lei nº 9.610, de 19/2/1998).

Todos os direitos desta edição reservados pela

MADRAS EDITORA LTDA.
Rua Paulo Gonçalves, 88 – Santana
CEP: 02403-020 – São Paulo/SP
Tel.: (11) 2281-5555 – (11) 98128-7754
www.madras.com.br

ÍNDICE

Introdução 9

Capítulo I – Um pouco de História 13
   O Primeiro Ritual 14
   Aroma e Perfume Bíblicos 15
   Egito – As Essências Aromáticas 15
   Referências do Extremo Oriente..16
   Grécia – Os Perfumes dos Deuses 17
   Do Império Romano à Sabedoria Árabe 17
   A Europa dos Alquimistas 18
   E por Falar em Flores... 19

Capítulo II – O Processo Olfativo 21
   A Percepção do Cheiro 23
   Paladar e Olfato..24

Capítulo III – Aromaterapia 25
   Óleos Essenciais 27
      Onde se concentram 28
   Como se Extraem os Aromas das Plantas 29
      Expressão ou prensagem 30
      Enfleurage 30
      Extração por solvente 31
      Destilação a vapor 32
   Classificação e Propriedades dos Principais Óleos Essenciais........32
   Principais Indicações Aromaterápicas (Sintomas Físicos) 38
   Principais Indicações Aromaterápicas
   (Sintomas Emocionais/Energéticos)....................................39

Capítulo IV – Alquimia: A Base de Tudo 41
   Operações Alquímicas 43
   Aplicando as Operações Alquímicas..44
   Comentário Pessoal...45

Capítulo V – A Química dos Perfumes: Suas Notas
e Expressões 47
   Classificação dos Produtos 47
   Perfumes 48
      Notas 48
      Fixadores 49
   Matérias-primas da Perfumaria 49
   Famílias de Odores 50
   Fazendo o Seu Próprio Perfume 51
      Extratos oleosos 52
      Perfumes...52
      Pureza é fundamental? 53

Capítulo VI – O Lado Oculto dos Aromas 55
   Cabala – Noções Gerais 55
   Esferas Cabalísticas..58
      1ª Esfera – Kether – A Fonte de Tudo 58
      2ª Esfera – Hockmah – Sabedoria Ideal e Divina 59
      3ª Esfera – Binah – A Pura Compreensão 61
      4ª Esfera – Chesed – Misericórdia Divina 62
      5ª Esfera – Geburah – Justiça ou Severidade.......................64
      6ª Esfera – Thifereth – Beleza 65
      7ª Esfera – Netzah – Vitória, Verdade, Amor.......................66
      8ª Esfera – Hod – Glória e Esplendor...................................69
      9ª Esfera – Yesod – Fundação, Reino do Subconsciente 70
      10ª Esfera – Malkuth – Reino, Estabilidade, Firmeza 71
   Utilização Prática 72
      Correspondências dos quatro elementos..............................72
      Correspondências planetárias 73
      Correspondências zodiacais 81
      Correspondências angélicas...82
      Fazendo o seu perfume mágico...85
      Fórmulas mágicas...86

Capítulo VII – Aroma e Cromoterapia: Trabalhando com a
Fraternidade Branca 87
   A Estreita Relação entre Perfumes e Cores 87
   Ondas Luminosas 89
   Partículas Odoríferas...91
   Campo Áurico 93

Trabalho Integrado 93
A Hierarquia dos Doze Raios 94
   1º Raio – Azul – Vontade 94
   2º Raio – Amarelo – Iluminação 95
   3º Raio – Rosa – Amor 95
   4º Raio – Branco Cristalino – Pureza 96
   5º Raio – Verde – Verdade 96
   6º Raio – Rubi-Dourado – Graça 98
   7º Raio – Violeta – Libertação 98
   8º Raio – Turquesa – Claridade 98
   9º Raio – Magenta – Harmonia 98
   10º Raio – Dourado-Solar – Prosperidade 98
   11º Raio – Pêssego – Alegria 99
   12º Raio – Opalino – Transformação 99
Como Preparar seus Aromas Coloridos 100
Como Escolher um Aroma Colorido 101
Como Usar 103
   Para proteção 103
   Para conexão 103
   Limpeza de aura 104
   Perdão 104
   Tubo de luz de proteção astral 106
   Outras aplicações 107
Concluindo o Trabalho com os Aromas Coloridos 108

CAPÍTULO VIII – PREPARANDO-SE PARA O PRAZER 111
   Respiração 112
   Relaxamento 114
   Visualização 120
      Como proceder? 121
      Exercite-se 121

CAPÍTULO IX – ATIVANDO A ENERGIA 123
   Unção 124
      Os chacras 124
      Massagem 133
      Massagem erótica 137
      Reflexologia 142
   Banhos 146
      Preparação 147
   Defumação – Vaporização 149
      Defumação 149
      Vaporização 150
      Aspersão 152

Apêndice 153
Guia Prático para Escolha e Utilização de Perfumes 153
   Perfumes do Amor 155
   Perfumes do Dinheiro 166
   Perfumes da Saúde 174
   Perfumes para outras Utilidades 184

Resumo das Indicações do Apêndice 199

Introdução

Os aromas constituíram o *insight* que me fez, de fato, arregaçar as mangas e trabalhar com os diversos elementos mágicos e ocultos que viviam povoando a minha mente e que até então pareciam ser unicamente parte de um compêndio teórico que satisfazia minhas necessidades intelectuais, porém desprovidos de qualquer utilidade prática.

Sempre me atribuí a proeza de ter uma excelente memória olfativa, e a seção que mais me fascina nos grandes magazines é a de perfumaria, principalmente naqueles onde se pode provar uma grande variedade de bons perfumes sem a interferência de vendedores, pois é complicado explicar-lhes que não estou procurando um perfume em especial, mas que quero apenas sentir o aroma de cada um.

Lembro-me de uma ocasião, tempos atrás, quando a Maison Dior lançou o perfume Poison. Passei pela seção de importados de um magazine do centro de São Paulo, provei o perfume e, de imediato, achei forte e doce demais. Depois de um certo tempo, nesse mesmo dia, fui sendo invadida por tantas lembranças da minha infância que não sabia como nem por que estavam surgindo, mas nem me lembrava mais de ter experimentado o tal perfume. Isso foi logo pela manhã. Era um dia em que, por algum motivo de que não me recordo agora, eu não iria trabalhar e, no fim da tarde, fui tomar um café na casa dos meus pais. Quando cheguei, minha mãe, ao cumprimentar-me, perguntou que perfume eu estava usando, pois a casa havia sido invadida pelo cheiro das flores noturnas que havia no quintal da casa da minha avó, sua mãe, e que no final da tarde, mais ou menos àquela hora, começavam a se abrir. Fiquei encantada! Economizei o suficiente e comprei um frasco de Poison que tenho até hoje, pois só uso quando sinto saudade do aconchego da casa da minha avó, tão ricamente perfumada pelas tantas e tantas plantas e flores que havia no seu jardim.

Mas não vou ficar aqui contando histórias, se bem que seja uma tentação, pois, ao lembrar-me da casa da minha avó, recordo de que lá estavam plantadas, num corredor ao lado da casa e no fundo do quintal, toda sorte de plantas aromáticas existentes. Era lá que havia o mais lindo pé de alecrim que já vi até hoje, e a minha avó, pessoa simples e sem cultura, nos termos como a entendemos, amava as plantas sem qualquer afetação ou pieguice; era um amor sincero. Pés de romã até hoje são sagrados para mim, pois cresci vendo minha avó cercar de tantos cuidados o único pé de romã que havia no quintal que, quando ele frutificava, nenhum de nós, seus netos, podia colher um fruto sequer – ela própria o fazia e dava-os a nós, e fazia a mais absoluta questão de mostrar-nos como eram belos os grãos da romã e que se deve apreciá-los antes de comer. Pois é! Minha avó era muito especial!

Então, lendo mais sobre perfumes e cheiros em geral, pude constatar que existem duas vertentes em ação: uma que classifica os aromas e suas propriedades *terapêuticas*; e outra que os relaciona a determinados princípios básicos da criação, a arquétipos, poderia dizer, e, a partir dessa associação, classifica as diversas propriedades *mágicas* de cada aroma de forma que ele sirva de canal para despertar poderes latentes e/ou desencadear determinados padrões energéticos.

Diríamos até que essas duas vertentes no estudo dos aromas podem ser classificadas como *terapêutica* e *mágica*. Contudo, analisando melhor, ambas são *mágicas* e *terapêuticas*, como você poderá observar por si só se nos der o prazer desta leitura.

Falamos em duas vertentes, e isso vem nos mostrar (como se não soubéssemos) que vivemos em um mundo dual, um mundo em que é quase impossível duas possibilidades coexistirem, pois, quando as vemos, o primeiro impulso é eliminar uma delas, de forma que reste apenas a "verdadeira". Aliás, deparamo-nos com isso o tempo todo: não paramos para pensar que o universo é relativo e que as coisas mudam dependendo da ótica com que são observadas, e que é isso que faz com que existam tantos conflitos no mundo – não aceitamos a verdade de um fato pelo ponto de vista do outro, o outro não aceita a verdade do mesmo fato pelo nosso ponto de vista, e está armada a confusão...

É esse o mundo em que vivemos. Um mundo polarizado, de dualidades. Esse é o princípio que nos rege em tempo integral e, curiosamente, poucos se apercebem de que a verdadeira evolução está em transcender a dualidade. Mas esse é um tema para ser tratado separadamente, pois é nessa base – na transcendência da dualidade – que se encontra o único caminho que o homem sábio e de coração puro deve seguir, que é o caminho do coração, o caminho do meio ou, como bem denomina Gurdjief e bem explica seu discípulo Ouspenski, o Quarto Caminho – um caminho que não nos pede clausura ou sacrifícios, mas tão somente que nos demos conta de cada ato que praticamos, de cada movimento que executamos, que nos familiarizemos conosco e passemos a assumir nossas próprias responsabilidades, deixando de responsabilizar os outros pelo que quer que nos aconteça; um caminho que pede que deixemos cada centro do nosso corpo fazer o seu próprio trabalho: o centro intelectual não foi feito para sentir, e o centro emocional não foi feito para pensar. Então, quando dermos a cada um a inteireza de suas funções, o pensamento deixará de aprisionar nossos sentimentos e o nosso coração amará verdadeiramente, sem tentar racionalizar o amor, estabelecendo assim um parâmetro de inteireza e de pleno funcionamento da máquina humana, que terá, então, condições de libertar-se da dualidade. Na verdade, esse caminho é a aplicação da máxima hermética "conhece-te a ti mesmo".

Mantras, yantras, mudras, visualizações e afirmações facilitam em muito esse trabalho de autoconhecimento. Estudiosos e sensitivos atuais estão resgatando tais conhecimentos da antiga tradição, ou captando informações de fontes interdimensionais, e disponibilizando-os para nós de uma maneira mais prática, de forma que possamos todos acelerar nossos processos evolutivos e implantar rapidamente o padrão da unidade em substituição ao da dualidade, que está cada vez mais deixando de ser a nossa realidade. Quem se interessar pelo tema poderá ler o livro *11:11 – A Abertura dos Portais*, da Solara, pela Madras Editora.

Está chegando o momento de aprendermos a unificar as polaridades. Todo esse conhecimento sobre o qual teci alguns vagos comentários é muito antigo e pertencia aos altos iniciados que agora, em seus corpos de luz, vibram em outros planos e em outras dimensões como membros de uma grande e poderosa fraternidade que nos dias de hoje está se fazendo conhecer como a Grande Fraternidade Branca. Composta de iluminados que ascenderam da terceira dimensão e de seres evolutivos de outros planos e de outras dimensões, a Fraternidade Branca está se manifestando cada vez mais junto a nós e pedindo insistentemente que aprendamos a lidar melhor com as polaridades, que aprendamos a trabalhar com o equilíbrio das nossas energias, pois só assim teremos condições de vibrar na frequência necessária à nossa evolução.

Mas voltemos aos perfumes, pois o assunto é vasto, interessante e da maior utilidade para os dias atuais, a um passo do terceiro milênio, que nos impõe a busca do conhecimento de tudo quanto venha a contribuir para resgatarmos o nosso real poder.

Capítulo I

Um Pouco de História

Falar da história dos perfumes é falar da história da vida sobre a Terra.

Muito antes que o homem, tal como o conhecemos hoje, povoasse este nosso planeta, animais (hoje extintos) já tinham o olfato como o sentido mais aguçado, reconhecendo as plantas pelo perfume que desprendiam – etólogos e zoólogos observavam como alguns animais se extasiavam cheirando determinada flor.

Sabemos, hoje, que os aromas têm um importante efeito sobre as pessoas: estimulam a memória, acalmam os nervos, curam as enfermidades, excitam desejos, intensificam a espiritualidade e transportam a estados difíceis de serem definidos.

O perfume, propriamente dito, não era usado apenas para perfumar o corpo, mas também como um elemento de magia, para dar proteção, auxiliar nas meditações, contribuir para o aumento das energias e para tantos outros ritos.

Ritualisticamente, eles eram usados para agradar às divindades, para atrair sexualmente ou para alcançar certos estados de consciência... Até hoje se sabe que determinados perfumes, quando aspirados, permitem a visualização de certas coisas que, por sua vez, vão transformando interiormente e aguçando a consciência.

Para buscarmos a origem dos perfumes, temos de fazer um mergulho profundo na história do homem, chegando aos primeiros hominídeos que, com um olfato extremamente apurado, buscavam as plantas para fins de alimentação ou cura. Aqueles seres, com um instinto de observação muito desenvolvido, viam que os animais comiam determinadas plantas e outras, eles apenas cheiravam; viam também que os insetos voavam por sobre as flores, alguns lhes extraindo o pólen e transformando-o em mel... Sem dúvida, muito tempo foi gasto nessa busca. Fracassos e sucessos à parte, a verdade é que isso tudo rendeu uma considerável experiência a respeito das plantas benéficas e seus aromas.

O Primeiro Ritual

Conta a história que na caverna de Shanidar, montanhas de Zagros (atual Iraque), um homem, ao qual se denominou Shanidar IV, com mais de 60 mil anos de antiguidade, foi encontrado enterrado em um buraco, no solo da caverna, em uma espécie de leito formado por flores diversas e por uma cauda de cavalo.

A análise das sementes e do pólen encontrados levou à conclusão de que se tratava de flores brancas, amarelas e azuis – todas de aroma agradável e de propriedades curativas, até hoje utilizadas pelos habitantes da região para seus remédios caseiros.

Ao que parece, essa é a prova mais antiga que se tem de um ritual com plantas e flores (e, consequentemente, com aromas).

Diz-se também que o homem neolítico que já fiava o linho e dele também extraía o óleo, que utilizava para ungir o corpo e o cabelo e que, com o passar do tempo, ia desprendendo um determinado aroma.

A presença de vasos e jarros fumegantes, fazendo supor que dentro deles alguma substância esteja exalando algum tipo de odor, é muito comum nas pinturas rupestres. Nas tabuletas dos sumérios e dos acádios, a referência a perfumes é abundante, inclusive com a citação concreta da oferenda de bagas de zimbro à deusa Inanna.

Aroma e Perfume Bíblicos

Relatos bíblicos contam que o Senhor orientou Moisés a produzir óleo e incenso sagrados: "...e você, arranje para mim perfumes de primeira qualidade" (Êxodo 30:22-25). Contam também que Aarão e seus filhos foram ungidos com óleo, bem como que a unção com óleo de mirra purificava as mulheres judias. Até o templo de Salomão sabe-se que foi construído com madeiras especiais, entre as quais o cedro aromático.

Também não podemos nos esquecer de que, entre os presentes dos três reis magos ao Jesus Menino, estavam a mirra e o incenso e que, antes da última ceia, "Maria, tomando uma medida de perfume de nardo, ungiu os pés de Jesus..." (João 12:3).

Se quiséssemos, este livro inteiro serviria tão somente para relacionar as referências aromáticas das histórias bíblicas, mas estas linhas já são suficientes para mostrar que os perfumes estiveram completamente presentes naqueles acontecimentos...

Egito – As Essências Aromáticas

Todas as dinastias egípcias dignificaram o perfume.

Recipientes e restos de unguentos com mais de 3 mil anos foram encontrados na tumba de Tutancâmon, enquanto na lápide de Tutmés há referências de que incenso e libações de azeite eram ofertados a um deus com o corpo de leão.

Toda a arte egípcia – suas gravuras e pinturas – mostra uma vasta sequência de atividades ritualísticas nas quais se denota o uso dos perfumes pelo fumegante conteúdo dos objetos semicirculares que os sacerdotes portam em suas mãos. (Jarros e ânforas egípcios são até hoje objetos de decoração muito valorizados.)

Os papiros de Ebers, da 18ª dinastia, citam mirra e incenso.

Os egípcios valorizavam a tal ponto as plantas aromáticas, tão fartamente produzidas pelas férteis margens do Nilo, que para tê-las em outras variedades exigiam-nas como tributo dos povos conquistados e, assim, obtinham o incenso, o sândalo, a mirra e a canela.

Madeiras aromáticas eram oferecidas em grandes quantidades aos deuses pelos faraós. Consta, inclusive, que Ramsés II fez uma oferenda de 82 molhos de canela e 3.036 troncos de plantas aromáticas. Também, a expedição de Hatshepsut (1500 a.C.), em busca de mirra, mostra a importância dos aromas para o povo egípcio.

Quando se trata do povo egípcio, páginas e páginas poderiam ser escritas, pois poucos povos se esmeraram tanto na elaboração e utilização dos perfumes. Corpos eram embalsamados a partir da unção com óleos aromáticos, estátuas eram diariamente ungidas com óleos especiais e perfumes espetaculares eram criados a partir do junco, da cana, do mel, do vinho e da mirra. Existe, inclusive, um incenso que era queimado em cerimônias e rituais, conhecido pelo nome de "kyphi", em cuja composição supõe-se que existisse acácia, açafrão, cálamo, canela, cardamomo, zimbro, levedura, mel, mirra, vinho e outras essências. E também Cleópatra: diz-se que os seus exóticos e abundantes perfumes é que seduziram Júlio César e Marco Antônio.

Referências do Extremo Oriente

Vestígios da utilização de perfumes e da importância de seus aromas são encontrados nos legendários jardins chineses de inspiração taoísta e nas lendas relacionadas com a mística budista. O perfume foi, inclusive, um dos principais elementos dos cosméticos, que começaram a aparecer na 12ª dinastia chinesa – como prova disso temos os vasos e jarrinhas de pedra que continham cosméticos e unguentos aromáticos.

Perfumes também não faltavam na Índia, desde a sua mais remota história. Há contos e mais contos celebrando esse mágico elemento, bem como referências de deuses e deusas que tinham uma relação especial com os perfumes e sua utilização. A tão antiga medicina ayurvédica já mencionava 700 plantas e seus aromas...

Grécia – Os Perfumes dos Deuses

Perfumes relacionados aos deuses do Olimpo – assim a Grécia conferiu especial importância aos perfumes e aromas. Muitas das receitas de perfumes medicinais aparecem gravadas nas lápides de mármore dos diversos templos dedicados a Esculápio e a Afrodite.

A civilização grega, assim como a egípcia, tinha o hábito de ungir os mortos, queimar incenso e perfumar especialmente seus corpos, nos quais a beleza muscular tinha de ser tanto vista quanto sentida, ou seja, precisava-se exalar a beleza, o que era conseguido com os aromas.

Jardins floridos sempre rodeavam as casas gregas. Os gregos também tinham o costume de lavar a cabeça com folhas de parreira e de confeccionar guirlandas de rosas para mitigar a enxaqueca. Em uma cultura assim, é natural que o perfumista fosse pessoa de singular importância. Um certo Megalus é mencionado na história como o criador de um perfume especial à base de canela, mirra e incenso misturados ao óleo de uma árvore aromática.

Nas páginas da *Odisseia*, encontramos Ulisses em Ítaca dando instruções a seu filho Telêmaco para que purifique com mirra e incenso o templo onde matou os pretendentes à fiel Penélope.

Mirra e incenso eram queimados no oráculo de Delfos, onde as sacerdotisas lançavam flores sobre grandes túnicas brancas para depois macerá-las.

E a maior herança cultural dessa civilização, as Olimpíadas, mostra que a maior recompensa de um vencedor é uma coroa de louro.

Do Império Romano à Sabedoria Árabe

Os romanos herdaram dos gregos a paixão pelos perfumes. Os escritores romanos, na Antiguidade, esmeraram-se e gastaram muita tinta para contar as excelências dos perfumes – e aqui destacamos especialmente Ovídio e o seu tratado de cosmética intitulado *Medicomina Faciei*.

César foi o responsável pelos registros da extensa farmacopeia dos druidas – na guerra da Gália, os sacerdotes celtas faziam os seus preparados nas panelas sagradas e realizavam uma cerimônia especial para a colheita do agárico, planta à qual atribuíam inúmeras propriedades.

A relação que o povo romano desenvolveu com os perfumes era tão forte, e o consumo de plantas aromáticas tão grande, que suas leis precisaram ser adaptadas a esse gosto tão particular, como, por exemplo, regulamentando o uso do incenso como forma de assegurar que o mesmo não faltasse nos templos, onde se faziam oferendas de costo (uma herbácea diurética) a Saturno; de benjoim, a Júpiter e de âmbar, a Vênus.

O mundo árabe, contudo, notabilizou-se ainda mais em relação aos perfumes.

As Mil e Uma Noites nos falam reiteradamente do uso e importância dos aromas nos palácios e haréns, mas a etapa de esplendor do perfume é conquistada graças ao sábio sufi denominado Abu Ali al-Husain Ibn Abdallah Ibn Sina, conhecido no Ocidente como Avicena (980-1037). Foi Avicena quem inventou o processo de destilação e tornou famosa a água-de-rosas, elaborada com a *rosa centifólia*, que chegou à Europa com os cruzados, em meio a lembranças místicas e a ordens secretas de cavaleiros que, mais tarde, a incorporaram em seus escudos.

A Europa dos Alquimistas

Na França do século XII, Felipe Augusto confere reconhecimento oficial aos perfumistas europeus e, nesse mesmo século, Hildegarda de Bingen fala de 200 plantas em seu livro *De Arboris*, mencionando-lhes os aromas.

Na Idade Média, com a Europa assolada pela peste, os aromas ganharam importância vital, pois se acreditava que era necessário fumigar o ar, então impregnado de emanações venenosas oriundas da enfermidade. Isso era feito com o enxofre e com resinas aromáticas e madeiras olorosas. Fizeram-se fogueiras com pinheiro e outras madeiras de odores penetrantes, fumigaram-se as igrejas com lúpulo, pimenta e incenso e desinfetaram-se hospitais com velas perfumadas, fazendo com que a demanda pelos perfumes crescesse de forma espetacular.

Essa cultura se manteve, tanto que até o século XIX, quando visitavam doentes contagiosos, os médicos queimavam ervas aromáticas em um pequeno vaso que carregavam consigo.

Os arquitetos da Idade Média também prestaram tributo aos aromas por meio dos capitéis de folhas e flores, que eram tidos como emissores energéticos para curar a consciência. (Fulcanelli, no seu célebre *O Mistério das Catedrais*, identifica, nos tetos desses templos, estruturas moleculares de estranhas combinações químicas, de complexidade similar à dos perfumes.)

As virtudes ocultas das flores, bem como a relação entre o secreto e o divino, foram estudadas por Paracelso, que também estudou a cor e o perfume das flores, mencionando-lhes as virtudes e qualidades. E Paracelso, esse grande alquimista, afirmava: "Murcha-se uma flor e nós a queimamos. Para onde foram os elementos dessa flor, quando viva, não o sabemos; não poderemos encontrá-los nem reuni-los. Mas, mediante a química das cinzas dessa flor, podemos fazer surgir um espectro dela, com todas as aparências da viva".

Goethe, maçom, poeta e alquimista, também mergulhou no mundo das plantas e das flores, buscando a flor primordial, enquanto Hahnemann, no século XVIII, criou a homeopatia, reafirmando a importância das plantas, das flores e dos aromas.

E POR FALAR EM FLORES...

Na virada do século XIX para o XX, Rudolf Steiner, fundador da antroposofia, estabeleceu as relações fundamentais entre o homem e a planta. Nessa mesma época, Bach, nascido na Inglaterra em 1880, atira-se pioneiristicamente na busca da harmonia entre a mente e o espírito através do odor e descobre a influência das flores e dos aromas sobre as pessoas.

Não podemos deixar de citar Joseph Miller que, em 1772, publicou um livro chamado *Herbal*, no qual atribui grande importância às essências. Mais tarde, em 1882, surgiu outro livro, *Matéria Médica*, relacionando 22 essências oficiais e três não oficiais.

Entre os farmacêuticos que, com seus estudos, deram grande impulso aos perfumes, temos Cadeac, Meunir, Gaffi, Cajola, Chamberland, com seus tratados sobre vapores de óleos essenciais, e René-Maurice Gatefosse, que foi o primeiro, em 1928, a falar de aromaterapia.

O que temos visto, nas últimas décadas, é uma crescente preocupação com os perfumes, seus poderes e sua capacidade de interação com as pessoas, tanto que, dos anos 1980 para cá, começaram a nascer sociedades dedicadas exclusivamente a estudar e divulgar as propriedades das essências contidas nas flores, como a *Flower Essence Society*, na Califórnia; a *Alaska Flower Essence Project* e a *Pacific Essence*, no Alasca, assim como outras na Europa.

Os perfumes têm nos acompanhado desde a mais remota antiguidade, oferecendo-nos uma mensagem secreta, escrita em combinações moleculares, que nos fala de força, de energia, de poder curativo, de magia e de importância tal que ainda não conseguimos resgatar para o mundo atual. Quiçá descubramos um aroma especial, um elixir maravilhoso que conduza a nossa consciência a todo esse conhecimento, fazendo com que recuperemos a importância de vivermos cercados de plantas e flores, respeitando-as e usufruindo daquilo que elas nos concedem com tanta naturalidade, entendendo-lhes o papel cósmico e aceitando como verdade a frase de Francis Thompson que diz que "não se pode arrancar uma flor sem perturbar uma estrela".

Capítulo II

O Processo Olfativo

Muito antes da capacidade de pensar, o cérebro humano já havia desenvolvido o sistema límbico, onde se situa o olfato.

Os cheiros foram, desde muito tempo, um referencial de orientação para o homem, exercendo sempre uma poderosa influência, pelo fato de operarem diretamente no nosso nível subconsciente ou subliminar. Ou seja, eles influenciam a nossa natureza emocional sem a interferência da mente crítica, agindo direto no subconsciente.

O olfato é um sentido químico, e os aromas têm uma constituição etérica, muito embora emanada por um veículo físico, que é a substância da qual se desprende o aroma.

Não nos esqueçamos de que Plano Físico, Plano Material não quer dizer apenas matéria densa e concreta! A Terra, enquanto Plano Físico, divide-se em regiões química e etérica. Da região química faz parte tudo que é denso, concreto, palpável; da região etérica participam os gases, os éteres, as substâncias que interagem conosco, muito embora não possamos vê-las. Para se visualizar uma aura, por exemplo, não é preciso ser clarividente, mas ter visão etérica, posto que o éter é substância manifesta neste nosso Plano Material e, portanto, se bem que ainda não tenhamos o domínio, nossos olhos físicos são potencialmente dotados para desenvolvê-la. Ou seja, para desenvolver a visão etérica não precisamos do nosso "terceiro olho", mas sim de uma acomodação do nosso aparelho visual físico.

O olfato opera a partir da transferência de moléculas odoríferas, captadas na atmosfera, para um lugar específico do cérebro, onde servirão como fonte primária de informação ou de alimentação. Lá, nesse compartimento cerebral, as moléculas odoríferas são registradas, catalogadas e acionam um dispositivo de memória.

Então, as moléculas odoríferas entram pelo nariz, são captadas pelas células olfativas, que as decodificam e enviam a informação ao cérebro, que nos devolve na forma de memória.

Ao sentirmos um cheiro pela primeira vez, a reação mais provável será a de perda de memória e desorientação espacial; podemos até sentir tontura, pois nos faltará um referencial momentâneo; contudo, essa é uma situação dificílima de acontecer, pois nosso "arquivo" de aromas é tão vasto quanto a humanidade e devemos, acima de tudo, considerar que raros são os aromas puros. Então, por mais que um cheiro seja novo para nós, algum dos componentes do seu buquê será identificado em nosso banco de memória; e mesmo que a informação esteja anotada em alguma ficha amarelada que de tão velha se perdeu entre as gavetas do nosso arquivo, ainda assim o cérebro nos dará uma resposta.

Toda a gama de odores está arquivada em nosso cérebro, e os critérios de seleção são extremamente pessoais, pois o "selecionador de odores" é "movido a emoção". Assim, a nossa aceitação ou repulsa com relação a determinados cheiros estão intrinsecamente ligadas aos nossos processos emocionais. Eu tenho uma delicada relação com o perfume de madressilvas, pois estas eram as florzinhas que ornavam minha tiara de primeira comunhão, mas uma amiga tem verdadeira aversão a esse cheiro, chegando mesmo a ter crises de medo, pois numa ocasião em que andava tranquilamente pela rua, numa noite quente e perfumada pelas ditas florzinhas, ela foi fortemente atacada por um cão que escapou de um quintal...

São de elementos dessa natureza que se constituem os nossos arquivos pessoais.

É óbvio que a memória das madressilvas pode ser modificada pela minha amiga, mas ela precisaria de uma situação emocionalmente oposta à vivenciada, logicamente com o perfume em questão e com intensidade tal que se sobrepusesse à memória anterior. Reversões de quadros fortemente gravados são difíceis de se consolidar, a menos que se procure fazê-lo dentro de um processo terapêutico, pois, do contrário, a pessoa jamais permitirá que qualquer outra situação se apresente diante dela com o mesmo registro olfativo, registro esse que se coloca como um escudo, uma forma de defesa e proteção contra qualquer situação similar à que o originou.

Essa definição de registros olfativos, em muitos casos, como vimos, constitui uma forma de defesa, mas os perigos contra os quais estaremos nos defendendo são definidos por nós, com total liberdade de escolha. Do contrário, ninguém comeria pimenta-do-reino, por exemplo, por saber do grande mal que faz ao fígado; contudo, alguns abusam dela e outros não. É o livre-arbítrio de cada um!

A Percepção do Cheiro

O nariz expõe o nosso cérebro diretamente ao meio ambiente.

As moléculas de cheiro que entram pelo nosso nariz são partículas materiais.

Para percebermos um cheiro, qualquer que seja, é necessário que exista um emissor, uma matéria física, da qual se desprendam partículas, as quais, apesar de serem materiais, são extremamente sutis, imperceptíveis para a visão.

Toda matéria desprende partículas de cheiro. Nós as desprendemos, estejamos usando perfume ou não, tenhamos usado um sabonete cheiroso ou não... Nosso corpo, por si só, emite um odor.

As *partículas* entram pelo *nariz* e impressionam as *células olfativas*. As impressões são conduzidas ao *cérebro* por meio dos *nervos olfativos*, atingindo uma parte do *sistema nervoso* que governa a emoção e regula as atividades motoras e os impulsos primitivos, que transforma os *impulsos olfativos* em *sensações olfativas*.

Geralmente, ao sentirmos um cheiro, lembramo-nos de uma série de coisas que o acompanharam numa ocasião anterior em que o tenhamos sentido. O cheiro vem com imagens completas, e as imagens nos reportam, na medida da clareza com que se manifestam, as situações anteriormente vivenciadas, mais particularmente as emoções, e é por isso que se diz que os aromas funcionam como um "gatilho emocional".

Paladar e Olfato

Um fato curioso, e que nem todos sabem, é que o paladar precisa do olfato para funcionar completamente. Sem o olfato, classificando e lembrando-nos dos cheiros, sentiríamos apenas os sabores doce, azedo, ácido e amargo, que são os identificados em áreas específicas da língua. As nuanças de sabor, em todos os casos, ficam por conta do olfato. Assim, um belo pedaço de torta de morangos só se fará sentir depois que o cérebro mandar a resposta às partículas odoríferas que ela emitiu, ou seja, só depois que ele reconhecer o cheiro e mandar de volta a "lembrança" do que é aquilo; caso contrário, teremos apenas a sensação do sabor doce e da acidez do morango.

Os registros dos aromas e as sensações correspondentes vão sendo reforçados à medida que são estimulados, mas não se perdem pelo desuso. Não sei por qual motivo, deixei de beber leite puro há muito tempo e só o faço com frutas ou com café, muito raramente; ainda assim, não suporto o seu gosto ou o seu cheiro e, como já disse, nem sei por quê; entretanto, outro dia, passando pela seção de frutas e verduras de um supermercado, fui surpreendida por um cheiro igual ao da alface que se plantava no quintal da minha casa. Fui procurar entre as verduras expostas, e descobri tratar-se de uma alface cultivada por um processo especial e que, inclusive, vinha embalada com raiz e tudo! Como era cultivada em canteiros aéreos e regada com água mineral, pareceu-me absolutamente sadia, de forma que não hesitei em pegar um pé e começar a comer ali mesmo, inundada pelo cheiro e pela lembrança de regar uma viçosa e verdejante horta de alfaces, couves, cebolinha verde e salsinha – a última vez que fiz isso... Bem, foi há muito tempo!

A relação entre o paladar e o olfato é muito estreita, pois são as partículas odoríferas desprendidas pelos alimentos que ingerimos que vão impressionar as células olfativas, que decodificam a mensagem, enviam-na ao cérebro e este nos retorna a "lembrança" do gosto que tem aquele cheiro. É por isso que, quando resfriados, perdemos o olfato e, automaticamente, o paladar: sem sentir o cheiro, não nos lembramos do gosto da comida.

Capítulo III

Aromaterapia

A aromaterapia vem, a cada dia, ganhando mais expressão entre as terapias holísticas ou alternativas, como eram chamadas até bem pouco tempo. Ela se situa, mais propriamente falando, no contexto da medicina natural e comunga dos mesmos princípios que a acupuntura, a fitoterapia, a homeopatia, entre outras. São princípios que partem da compreensão do homem e da sua relação pessoal com a vida, entendendo cada indivíduo como único, de onde se supõe que uma prescrição eficiente para uma pessoa não será necessariamente eficiente para outra. Nesses princípios também incluímos a concepção do homem e da natureza em um processo de mútua cooperação, bem como a compreensão de que o homem é parte integrante de um Todo maior, mas muito maior mesmo, e que tudo o que acontece com ele, com a sua natureza interna, reflete-se na natureza externa e vice-versa. Assim, a missão de um terapeuta holístico é promover a harmonia entre esses elementos, disponibilizando todos os recursos com que a natureza tenha provido o homem para que ele consiga manter-se íntegro em todos os seus corpos, o que, necessariamente, implica trabalhar pela saúde, bem-estar, harmonia e felicidade do homem tanto quanto do Todo.

O veículo da aromaterapia são os óleos essenciais, que constituem a essência, a força vital de uma planta que, introduzida em nosso corpo, atua de acordo com a sua natureza, podendo trazer-nos incontáveis benefícios.

Quando se fala em aromaterapia, pensa-se imediatamente no perfume que os óleos essenciais exalam, mas eles fazem mais que isso, pois contêm o princípio vital da planta da qual foram extraídos, o que dá à aromaterapia uma grande flexibilidade na aplicação desse seu delicado componente.

Pensando-se apenas no perfume, o aromaterapeuta pode trabalhar com o aspecto emocional de uma pessoa, tranquilizando-a, excitando-a, despertando-lhe memórias de vidas passadas, ativando-lhe determinadas energias – enfim, pode lidar com a sutileza do ser a partir das características do perfume em si e do que ele consegue despertar na pessoa. Contudo, passa-se a trabalhar com o princípio ativo da planta, o aromaterapeuta pode utilizá-lo em massagens, banhos, inalações ou, ainda, prescrevê-lo para uso tópico, para ser ingerido, entre outras aplicações.

De uma forma ou de outra, uma coisa é certa: deve-se levar em conta o aroma, fundamentalmente, pois mesmo se aplicado sobre uma simples irritação na pele, sem qualquer outra pretensão que não seja curá-la, um óleo essencial irá atuar sobre a pessoa, já que ela não poderá esquivar-se de aspirá-lo e, como vimos anteriormente, cheiro são moléculas que se desprendem de tudo e vão "buscar" lembranças no nosso arquivo interno. Então, o aromaterapeuta, e mesmo terapeutas de outras técnicas que se utilizem de óleos, como os de massagem, por exemplo, precisam ser extremamente sensíveis para que, ao resolver um problema, não venham a despertar outro.

O primeiro livro moderno sobre aromaterapia foi escrito em 1928 pelo químico Gattefosse, que vivia em Grasse, cidade ao sul da França, e que, pode-se dizer, foi o pioneiro na pesquisa das propriedades curativas dos óleos aromáticos. O ponto de partida foi um pequeno acidente em seu laboratório: na sede de aplacar a dor de uma queimadura, colocou a mão no recipiente que estava, por assim dizer, ao alcance da mão. Por acaso, esse recipiente continha óleo de lavanda e, não por acaso, a queimadura não infeccionou, não produziu bolhas e cicatrizou-se rapidamente.

Seguindo-se a ele vieram o médico francês Jean Valnet, que se dedicou mais exclusivamente ao estudo dos óleos extraídos das ervas medicinais; a bioquímica Madame Maury, também francesa, que passou a pesquisar as propriedades medicinais e cosméticas dos óleos essenciais, com base em conhecimentos da Antiguidade, e muitos outros médicos, químicos e farmacêuticos.

Mas para continuarmos a falar de aromaterapia, das propriedades dos óleos essenciais e das várias formas como podem ser utilizados, vamos antes conhecer um pouco mais desse ingrediente básico.

Óleos Essenciais

Os óleos essenciais costumam ser muito perfumados e também muito voláteis, isto é, têm evaporação rápida quando expostos ao ar e, contrariamente ao que se pode supor, não são necessariamente gordurosos. Normalmente, sua consistência é aquosa, mas não são solúveis em água – os óleos essenciais são solúveis em álcool, éter e outros óleos; quanto à coloração, a maioria apresenta uma cor clara, quase incolor, sempre com alguma cor característica, muito embora alguns tenham um colorido mais forte e opaco, como é o caso da mirra, cujo óleo é bem escuro. Se bem que por serem muito voláteis, o tempo de evaporação difere muito de óleo para óleo, bem como o grau de concentração de cada um e a duração da fragrância.

Em cada tipo de planta, o óleo encontra-se mais concentrado em determinada parte: em algumas está nas folhas, em outras nas flores ou ainda nas raízes, na casca e até mesmo na planta inteira. Também são necessários diferentes métodos de extração, conforme a característica da planta que se vá utilizar. Plantas com baixo teor de óleo pedem uma determinada técnica que não pode ser utilizada para flores, e até mesmo entre as flores existem as mais sensíveis e de fragrâncias tão voláteis que pedem métodos ainda mais delicados. Isso sem contar que, regra geral, necessita-se de uma quantidade muito grande de matéria-prima para a obtenção de pequenas quantidades de óleo e, em alguns casos, a já volumosa quantidade precisa ser muito maior ainda, o que justifica o alto preço que se cobra pelos óleos essenciais puros no mercado.

As plantas são únicas, e a simples identificação de qual de suas partes comporta o seu potencial aromático, por si, já fornece um indicativo das suas propriedades. Assim, uma primeira sintonização com o princípio ativo de um determinado óleo essencial pode ser feita pelo conhecimento da parte da planta utilizada para a sua extração.

Onde se concentram

Vejamos as principais regiões de concentração aromática das plantas, que qualidades isso agrega à essência e algumas plantas correspondentes:

Raízes – Óleos extraídos de raízes retêm a energia fundamental e costumam ser poderosos estimulantes das funções vitais. (angélica, cálamo, gengibre, vetiver)

Folhas – Esses óleos guardam estreita relação com a energia prânica e são eficazes junto ao sistema respiratório e também na tonificação do corpo vital. (eucalipto, hortelã, cedro, louro)

Flores – Sabe-se que a produção de perfume pelas flores é um sinal particular da sua evolução e que apenas as mais evoluídas o fazem. As essências de flores atuam na esfera astral e lidam particularmente com os nossos sentimentos. (rosa, jasmim, verbena, junquilho)

Sementes – Os óleos extraídos de sementes são menos sofisticados e mais acessíveis. Alinham-se particularmente com as funções do sistema digestivo. (anis, funcho, coentro, mostarda, salsa)

Madeiras e cascas de árvores e arbustos – São óleos que ajudam a restaurar o equilíbrio e o poder de concentração e podem elevar-nos a esferas mais altas, mantendo-nos perfeitamente ancorados. (sândalo, cedro, loureiro)

Gomas e resinas de árvores e arbustos – Esses óleos resinosos harmonizam-se com o sistema glandular, com o controle de secreções e têm propriedades curativas para afecções cutâneas. (mirra, olíbano, coníferas diversas)

E essas fontes tão especiais de matéria-prima para os óleos essenciais têm tantas outras particularidades que, se formos atentar para cada uma, separadamente, enveredaremos para campos tão diversos quanto é a diversidade de componentes que constituem a cadeia biológica. Na verdade, cada planta pede solo e condições climáticas específicas, e mesmo que o agricultor consiga produzi-la em um clima um pouco distinto do que ela necessita e em um solo carente de algum mineral que lhe seja necessário, seguramente o óleo destilado dessa planta terá a sua constituição vital alterada.

Também a colheita tem o seu próprio ritual, pois cada planta tem um ritmo próprio de crescimento e um momento preciso em que todo o seu potencial está plenamente realizado; portanto, o agricultor deve também conhecer e respeitar o tempo de cada uma. O certo é que, colhendo-se uma planta antes do tempo, tem-se o seu potencial reduzido e, fazendo-o depois, ele sofre declínio e, assim sendo, igualmente é reduzido.

Como se Extraem os Aromas das Plantas

O processo físico para extrair a essência do que uma planta tem a nos oferecer passou por uma longa evolução e, embora a preparação da matéria-prima possa diferir muito da remotíssima destilação de Avicena, as três principais técnicas para obtenção de óleos essenciais ainda são a destilação, a expressão – que nada mais é que extrair com as mãos, o que era feito bem antes de Avicena inventar a destilação – e a extração por meio de solventes, quase sempre o éter.

Vejamos um pouco mais cada um dos processos utilizados para a obtenção dos óleos essenciais, que são: expressão ou prensagem, *enfleurage*, extração por solvente e destilação a vapor.

Expressão ou prensagem

Como já dissemos, corresponde a "extrair com as mãos", em seu sentido literal. Esse processo, que atualmente se vale de prensas mecânicas, é utilizado para os óleos cítricos, como limão, laranja, bergamota e tangerina (experimente espremer entre os dedos um pedaço de casca de alguma dessas frutas e você terá o seu óleo essencial). O óleo obtido por esse processo é puro e pode ser ingerido.

Enfleurage

Precursora da extração por solvente, a *enfleurage* era tradicionalmente utilizada para a extração das essências de flores e ainda hoje o é para alguns extratos mais delicados, como o da tuberosa, do jasmim, do lírio-do-vale, do junquilho ou da flor-de-laranjeira.

Basicamente, esse método consiste em colocar as flores escolhidas sobre uma superfície untada com um solvente, no caso, gordura ou óleo vegetal, previamente recoberta com um fino tecido, uma espécie de gaze, e mantidas isoladas do meio ambiente por paredes de vidro, o que forma uma estufa ou um canteiro de vidro. Quando todo o óleo dessas flores for absorvido pela gordura, elas são retiradas e outras são colocadas até que a gordura fique completamente impregnada com a essência da flor. Disso resulta um tipo de creme ou pomada que passa por uma dissolução em álcool e libera o óleo aromático, que na terminologia dos perfumes é o que se chama de *óleo absoluto*.

Para que se entenda um pouco mais como a pomada libera o óleo aromático, vejamos o seguinte: a pomada é constituída da gordura impregnada pelo óleo da flor. A gordura não é solúvel em álcool, mas o óleo essencial sim, de forma que, quando colocada no álcool, a gordura e a essência separam-se. Contudo, a essência fica misturada ao álcool e, aí, aquece-se a mistura de forma que o álcool se evapore e reste apenas a essência.

Não é à toa que essa essência é classificada como *absoluto*.

Experimente pensar um pouco sobre esse processo. Depois de formada a pomada...

> ...veja-se nos aposentos de um alquimista com todos os seus apetrechos e vá mentalmente mergulhando a pomada em um frasco grande de álcool. Depois, tire a gordura e passe o álcool restante para um daqueles vidros de bojo redondo suspensos por

um suporte sob o qual você acende um bico de Bunsen e deixa que o álcool se evapore. Sinta cada etapa do processo, observe a trajetória da essência desde que ela era uma flor e vá se dando conta da transformação pela qual ela vai passando. Se estiver completamente mergulhado no processo, quando o álcool acabar de se evaporar, você constatará com imensa alegria que a essência daquela flor reina ali, naquele frasco, absoluta!

Extração por solvente

É utilizado principalmente para plantas com baixos índices de óleos aromáticos, ou muito delicadas, ou, ainda, que retêm resinas. Esse processo guarda semelhanças com a *enfleurage*. Em linhas gerais, encobrem-se as flores com um solvente, como o éter, por exemplo, que se lhes extrai o óleo essencial e depois evapora deixando o óleo.

Na verdade, o processo é um pouquinho mais complicado, e se você quiser saber... Para o jasmim, por exemplo, utiliza-se um éter de petróleo como solvente, que pode ser o etanol, o metanol ou o hexano. Evaporado o solvente, obtém-se uma pasta de cera vegetal. Veja bem: na *enfleurage*, trabalhamos com uma pasta que era formada pela gordura utilizada como solvente e mais a essência que nela se impregnou e, aqui, a pasta cerosa a que nos referimos já é resultado da evaporação do solvente, sendo, então, composta da flor em si, que foi dissolvida, e da sua essência. A essa pasta dá-se o nome de *essência concreta*.

Pois bem! Essa pasta cerosa será colocada no álcool e aquecida para que a cera se desprenda dos seus outros componentes. Já sem a cera e uma vez evaporado o álcool, resultará uma substância de consistência pastosa e oleosa, também chamada de *absoluto*.

Uma variação desse processo é a utilização de uma chapa perfurada sobre um recipiente hermeticamente fechado sobre a qual se espalham as flores, as quais são sucessivamente enxaguadas com a mesma água, até que se lhes extraia todo o óleo. A seguir, destila-se a água e obtém-se a pasta cerosa, que é a *essência concreta* ou *concreto*, e procede-se como acabamos de descrever para separar a cera do óleo, também resultando um *absoluto*.

Uma observação: estamos descrevendo o processo até a obtenção do *absoluto*, contudo esclarecemos que os *concretos* constituem um produto altamente valorizado no mercado e são utilizados na fabricação de cremes e pomadas.

Destilação a vapor

Ideal para plantas com altos teores de óleo, essa técnica se sustenta na alta volatilidade dos óleos e no fato de eles, em sua maioria, serem insolúveis em água.

A técnica consiste em expor determinada quantidade da planta a uma fonte de vapor para que a essência evapore juntamente com a água. O vapor desprendido passa por um condensador que, ao liberar a água destilada, libera juntamente as gotículas de óleo, que não se misturam à água. Procede-se, então, à separação dos produtos: o óleo essencial, que extraído por esse método pode ser ingerido, e a água, que pelo tempo que permaneceu em contato com o óleo guarda em si o seu perfume e tem aplicação na indústria cosmética e farmacêutica (água-de-rosas e de flor-de-laranjeira).

Como o método é bastante simples, os óleos obtidos por destilação têm preços bem mais acessíveis.

CLASSIFICAÇÃO E PROPRIEDADES DOS PRINCIPAIS ÓLEOS ESSENCIAIS

ALECRIM (*ROSMARINUS OFFICINALIS*)
Intensidade de odor: média
Evaporação: rápida
Polaridade predominante: yang

Propriedades: estimulante, fortificante, refrescante, digestivo, antisséptico, diurético, analgésico, aumenta a pressão arterial. Atua positivamente em casos de esgotamento e fraqueza mental, preguiça e desânimo.

BENJOIM (*STYRAX BENZOIN*)

Intensidade de odor: suave
Evaporação: lenta
Polaridade predominante: yang
Propriedades: aquece e relaxa, além de ser expectorante, antisséptico, antiespasmódico, diurético e de atuar positivamente em casos de esgotamento emocional, tristeza e agitação.

BERGAMOTA (*CITRUS BERGAMIA*)

Intensidade de odor: forte
Evaporação: rápida
Polaridade predominante: yang
Propriedades: estimulante, refrescante e relaxante, de ação antisséptica, antiespasmódica, digestiva, expectorante, analgésica, e também atua positivamente em casos de depressão, medo, estresse, tensão pré-menstrual e insônia.

CALÊNDULA

Intensidade de odor: suave
Evaporação: média
Polaridade predominante: yin
Propriedades: cicatrizante, anti-inflamatória, digestiva, além de atuar positivamente em casos de ansiedade.

CAMOMILA (*MATRICARIA CHAMOMILLA*)

Intensidade de odor: média
Evaporação: rápida-média
Polaridade predominante: yin
Propriedades: refrescante e relaxante, tem ação digestiva, antiespasmódica, diurética, anti-inflamatória, e também atua positivamente em casos de depressão, estresse, irritabilidade, ansiedade e insônia.

CÂNFORA (*CINNAMOMUN CAMPHORA*)

Intensidade de odor: suave
Evaporação: rápida
Polaridade predominante: yin

Propriedades: aquece e estimula, além de estimular o coração e os sistemas respiratório e circulatório, e de ter ação antisséptica, de combater as câimbras e de atuar positivamente em casos de depressão, falta de energia vital e insônia.

CEDRO (*JUNIPERUS VIRGINIANA*)

Intensidade de odor: suave
Evaporação: lenta
Polaridade predominante: yang
Propriedades: antisséptico, diurético, calmante, expectorante, além de atuar positivamente em casos de depressão, medo e ansiedade.

CIPRESTE (*CYPRESSUS SEMPERVIRENS*)

Intensidade de odor: média-suave
Evaporação: rápida
Polaridade predominante: yin
Propriedades: relaxante e refrescante, ajuda a estancar o sangue e tem ação antiespasmódica, vasoconstritora, analgésica, além de atuar positivamente em casos de irritabilidade, nervosismo e inquietação.

ERVA-DOCE (*FOENICULUM VULGARE*)

Intensidade de odor: média
Evaporação: média-lenta
Polaridade predominante: yang
Propriedades: acalma e tem ação antisséptica, antiespasmódica, digestiva, diurética e vermífuga.

EUCALIPTO (*EUCALIPTUS GLOBOLUS*)

Intensidade de odor: forte
Evaporação: rápida
Polaridade predominante: yin
Propriedades: descongestionante, depurativo, diurético, expectorante, analgésico, antisséptico, cicatrizante, além de atuar positivamente em casos de falta de atenção e de concentração, dando mais amplitude mental.

FLOR-DE-LARANJEIRA OU NEROL (*CITRUS AURANTIUM*)

Intensidade de odor: suave
Evaporação: média
Polaridade predominante: yang
Propriedades: altamente relaxante, tem ação digestiva, antisséptica e também atua positivamente em casos de ansiedade, depressão, medo, histeria, insônia e palpitações.

Gerânio (*Pelargonium graveolens*)

Intensidade de odor: média
Evaporação: média-lenta
Polaridade predominante: yin
Propriedades: refrescante e relaxante, atua como analgésico, adstringente, expectorante diurético e tonificante.

Hissopo (*Hyssopus officinalis*)

Intensidade de odor: média
Evaporação: média
Polaridade predominante: yang
Propriedades: descongestionante, de ação antisséptica, antiespasmódica, cicatrizante, digestiva, expectorante, sedativa, tonificante e vermífuga.

Hortelã (*Mentha piperita*)

Intensidade de odor: média-forte
Evaporação: média
Polaridade predominante: yang
Propriedades: altamente refrescante, tem ação analgésica, antisséptica, adstringente, antiespasmódica, digestiva, expectorante e vermífuga.

Ilangue-ilangue (*Cananga odorata*)

Intensidade de odor: suave
Evaporação: lenta
Polaridade predominante: yin
Propriedades: relaxante e afrodisíaca, tem forte ação antisséptica, sedativa e antidepressiva.

Jasmim (*Jasminum officinale*)

Intensidade de odor: suave
Evaporação: lenta
Polaridade predominante: yang
Propriedades: relaxante, calmante e afrodisíaco, tem ação antisséptica, antiespasmódica e sedativa.

Lavanda (*Lavandula angustifolia*)

Intensidade de odor: média
Evaporação: média-lenta
Polaridade predominante: yang
Propriedades: refrescante e relaxante, tem ação analgésica, anticonvulsiva, antiespasmódica, antisséptica, cicatrizante, desodorante e diurética.

Manjericão (*Ocimun basilicum*)

Intensidade de odor: forte
Evaporação: média
Polaridade predominante: yang
Propriedades: estimulante e refrescante, tem ação antisséptica, digestiva, antidepressiva e expectorante.

Manjerona (*Origanum marjorana*)

Intensidade de odor: média
Evaporação: rápida
Polaridade predominante: yang
Propriedades: aquece e fortifica, além de sua ação analgésica, antiespasmódica, digestiva e sedativa.

Melissa (*Melissa officinalis*)

Intensidade de odor: média
Evaporação: rápida
Polaridade predominante: yang
Propriedades: estimulante e refrescante, tem ação antidepressiva, sedativa, digestiva e sudorífera.

Mirra (*Commiphora myrrha*)

Intensidade de odor: suave
Evaporação: lenta
Polaridade predominante: yang
Propriedades: refrescante e tonificante, tem ação antisséptica, adstringente, expectorante, sedativa e é estimulante pulmonar.

Olíbano (*Boswellia thurifera*)

Intensidade de odor: suave
Evaporação: média
Polaridade predominante: yang
Propriedades: relaxante e rejuvenescedor, tem ação antisséptica, adstringente, cicatrizante, digestiva, diurética e sedativa.

Patchuli (*Pogostemon patchouli*)

Intensidade de odor: suave
Evaporação: lenta
Polaridade predominante: yang
Propriedades: relaxante, tem ação antidepressiva, antisséptica, afrodisíaca, cicatrizante, desodorante, sedativa e tônica.

Pimenta-do-reino (*Piper nigrum*)

Intensidade de odor: média
Evaporação: média
Polaridade predominante: yang
Propriedades: estimulante, tem ação analgésica, antisséptica, afrodisíaca, digestiva, rubefaciente e laxativa.

Rosa (*Rosa centifolia*)

Intensidade de odor: suave
Evaporação: lenta
Polaridade predominante: yin
Propriedades: acalma e tem ação antidepressiva, adstringente, afrodisíaca, depurativa, sedativa, além de ser tônico cardíaco, estomacal e hepático.

Sálvia (*Salvia officinalis*)

Intensidade de odor: forte-média
Evaporação: média-lenta
Polaridade predominante: yang
Propriedades: descongestiona a circulação e tem ação antidepressiva, anticonvulsiva, adstringente e sedativa.

Sândalo (*Santalum album*)

Intensidade de odor: suave
Evaporação: lenta
Polaridade predominante: yang
Propriedades: relaxante, tem ação antidepressiva, afrodisíaca, adstringente, expectorante e sedativa.

Tomilho (*Thymus vulgaris*)

Intensidade de odor: forte-média
Evaporação: média
Polaridade predominante: yang
Propriedades: estimulante, antisséptico, antiespasmódico, expectorante e diurético.

Zimbro (*Juniperus communis*)

Intensidade de odor: média
Evaporação: rápida
Polaridade predominante: yang
Propriedades: refrescante, estimulante e relaxante, de ação antisséptica, fortificante, digestiva, depurativa, laxante e tonificante.

Verbena (*Lippia citriodora*)

Intensidade de odor: média
Evaporação: rápida
Polaridade predominante: yin
Propriedades: estimulante, afrodisíaca, digestiva, calmante e antiespasmódica.

Principais Indicações Aromaterápicas (Sintomas Físicos)

Sintomas Físicos	Óleos Essenciais
Artrite	Cipreste, eucalipto
Asma/bronquite	Eucalipto, cedro, bergamota, lavanda
Bactericida	Bergamota, lavanda
Catarro	Cedro, eucalipto, sândalo
Desinfecção (ar/aposentos)	Bergamota, eucalipto, limão, lavanda
Desintoxicação	Gerânio, limão
Digestivo	Bergamota, laranja, camomila, sálvia
Dor de cabeça	Lavanda
Dor muscular	Eucalipto, lavanda
Fadiga	Gerânio
Fraqueza	Laranja (nerol)
Fungicida	Citronela, lavanda, cipreste
Inflamações das mucosas	Gerânio, limão
Insônia	Laranja, lavanda, sândalo, bergamota
Má circulação	Cipreste, limão
Menopausa	Gerânio, lavanda
Palpitações	Ilangue-ilangue, laranja, camomila
Queimaduras	lavanda
Tensão pré-menstrual	Gerânio, bergamota, lavanda, cipreste
Tosse	Cedro, olíbano, eucalipto

Principais Indicações Aromaterápicas (Sintomas Emocionais/Energéticos)

Sintomas Emocionais/ Energéticos	Óleos Essenciais
Abundância, estimular a	Cipreste, cedro, tangerina, citronela
Abundância, atrair e preservar	Olíbano, citronela
Ansiedade	Ilangue-ilangue, lavanda, laranja, gerânio
Autoestima, falta de	Ilangue-ilangue, sândalo
Cansaço	Camomila, lavanda
Depressão	Laranja, bergamota, gerânio, lavanda
Distração	Cedro
Energia, falta de	Gengibre, limão, bergamota
Energia, desequilíbrio da	Gerânio, sândalo
Estresse	Cedro, ilangue-ilangue, lavanda
Humor, oscilações de	Bergamota, olíbano, gerânio
Impulsividade	Camomila, gerânio
Insegurança	Lavanda, ilangue-ilangue
Irritabilidade	Lavanda, olíbano, gerânio
Mágoas	Lavanda, limão
Medos	Gerânio, lavanda, ilangue-ilangue, bergamota
Motivação, falta de	Patchuli, laranja, bergamota

Sintomas Emocionais/ Energético	Óleos Essenciais
Nervosismo	*Gerânio, ilangue-ilangue, bergamota*
Passado, influências do	*Olíbano, alecrim*
Perigos físicos, proteção contra	*Bergamota*
Perigos psíquicos, proteção contra	*Patchuli, olíbano, alecrim*
Persistência, falta de	*Limão, cedro*
Perturbações mentais	*Bergamota, alecrim*
Relacionamentos, apatia nos	*Citronela*
Relacionamentos difíceis	*Lavanda, verbena*
Sexualidade, estimulante da	*Ilangue-ilangue, sândalo, jasmim,*
Tristeza	*Verbena*

CAPÍTULO IV

ALQUIMIA: A BASE DE TUDO

Tudo o que acabamos de ver no capítulo anterior tem grande peso na classificação dos produtos aromáticos que são obtidos por meio das plantas e é disso, basicamente, que se constitui o universo de produtos utilizados na perfumaria.

Como você pôde notar, começamos falando só dos óleos essenciais, mas fica impossível abordá-los sem falar em *concretos, absolutos, resinoides*, ou seja, o assunto tem uma abrangência tal que seria lastimável limitarmos o conteúdo das informações apenas para nos atermos ao que foi proposto.

De qualquer forma, mesmo que a matéria seja um tanto quanto densa, da forma como a estamos tratando, não é necessário ter qualquer noção de química para compreender, e vale o esforço mental como treinamento para recuperar um pouco da linha de raciocínio alquímico, pois tudo isso que vimos – pegar as plantas, submetê-las a algum processo para extrair-lhes uma determinada substância (em alguns casos, líquida e, em outros, sólida), depois submetê-las a outro, para separar uma substância da outra, e adicionar álcool, evaporar álcool e assim por diante... – está expresso no axioma alquímico *Solve* e *Coagula* que, como todos os princípios que fazem parte da arte hermética, vale para tudo no universo, em todas as instâncias. Ao constante e interminável *Solve* e *Coagula*, a alquimia chama de *Circulatio*. À união das essências extraídas para a elaboração dos perfumes, a alquimia denomina *Conjunctio*.

Vamos ver tudo isso de uma forma bem mais didática.

Então, vejamos: um feijãozinho incha e abre-se sobre um algodão umedecido, entrando em um processo de decomposição das suas propriedades para liberar a sua essência (*Solve*) e, em seguida, lança um pequeno broto, que é fruto da essência do feijão que se desintegrou para dar origem a algo novo (*Coagula*). Esse pequeno broto decompõe-se (*Solve*) e dele surgem duas folhinhas (*Coagula*)... E assim se segue um processo constante (*Circulatio*), até a colheita da leguminosa, que vai combinar-se com outros ingredientes e com um organismo vivo para que ele produza energia (*Conjunctio*)... – Isso é a vida. Isso é alquimia!

Nas atividades de um perfumista, a mistura das essências para dar origem ao perfume por ele idealizado constitui o *Solve* e também o *Conjunctio*, e a fixação do perfume corresponde ao *Coagula*.

Em nossas vidas, isso tudo fica assim: se você tem um padrão arraigado de pensamento que está impedindo o fluxo saudável da sua energia e está derivando em algum tipo de sofrimento, esse padrão deve ser trabalhado para que possa ser substituído por outro mais adequado ao seu verdadeiro "eu". Nesse processo, o padrão antigo deverá ser submetido a um processo de *destilação*, para que possa *desintegrar-se* e, posteriormente, *condensar-se* em outro mais adequado que, ao *misturar-se* com os demais padrões, vai contribuindo para a construção de uma personalidade mais integrada, que nada mais é do que a *criação* de um "você" melhor do que era antes.

Todas as expressões grifadas – *destilação, desintegrar-se, condensar-se, misturar-se* e *criação* – fazem parte do glossário alquímico: *destilar* é o que fizemos com as plantas, que para liberar a essência tiveram de ser *desintegradas;* a essência liberada, para que se tornasse acessível, teve de ser *condensada* e, para a *criação* de um novo aroma, terá de ser *misturada* a outras essências, também submetidas ao mesmo processo. Veja que a *criação*, propriamente dita, vem antes da *mistura*, ou seja, se formos seguir uma sequência de passos para a criação, teremos, antes, de formar o arquétipo do que queremos construir para, depois, proceder à construção (ou à mistura).

Operações Alquímicas

Vamos falar mais um pouco das operações alquímicas, dando-lhes os nomes correspondentes:

Calcinatio – É a exposição de uma matéria-prima ao calor do fogo; corresponde à purificação da matéria, fazendo com que a essência perca a identificação com a matéria bruta e inicie o seu processo de ascensão. Lida-se, aqui, com o elemento Fogo.

Solutio – É o emergir da forma inicial para uma forma nova; é quando o sólido se transforma em líquido (ponto de fusão dos metais); é a fluidez da matéria. Lida-se, aqui, com o elemento Água.

Sublimatio – É a transformação de uma substância menor em outra maior por meio de um movimento ascendente; é a extração da essência mais pura de um corpo denso, a qual se evapora e se eleva com o ar – corpo e alma se separam. Lida-se, aqui, com o elemento Ar.

Coagulatio – É o resfriamento do vapor desprendido, fazendo com que aquela pura essência de um corpo denso assuma uma nova existência, altamente refinada e purificada; é a fixação da pureza essencial, que fica novamente disponível ao uso. Lida-se, aqui, com o elemento Terra.

Circulatio – É a repetição dos movimentos; é o eterno *Solve* e *Coagula*; é o ritmo constante.

Conjunctio – É a união entre essências de elevada pureza, devidamente transformadas pela *calcinatio, solutio, sublimatio* e *coagulatio*, produzindo a quintessência, que não guarda relação com qualquer um dos elementos (Fogo, Água, Ar e Terra), mas é a essência da essência que cada um deles conseguiu extrair da matéria bruta.

APLICANDO AS OPERAÇÕES ALQUÍMICAS

Voltemos às nossas vidas e vejamos como aplicar esses conhecimentos:

Calcinatio – Representa o sofrimento que as frustrações dos nossos desejos instintivos proporcionam. Esotericamente, diz-se que "o homem não aprende senão pela dor", e essa dor corresponde ao Fogo Purificador, muitas vezes mal interpretado pelos sistemas religiosos vigentes (se propositadamente ou não, é outra história).

Solutio – Representa a dissolução dos bloqueios que precede uma etapa de crescimento. É a fase em que estamos trabalhando com a nossa energia, forçando-nos a enfrentar novos desafios e impondo-nos novos limites que, se conquistados, permitirão plena fluidez à nossa vida.

Sublimatio – Representa o contato íntimo com a nossa própria essência, proporcionando *insights* acerca do nosso "eu" e liberando-nos do apego ao ego pessoal. Também representa a elevação mística que se obtém quando em meditação ou em outras práticas ritualísticas, que pode ocorrer em graus variados, dependendo do processo evolutivo de cada um. Ao primeiro processo – o contato íntimo com a nossa própria essência – costuma-se chamar de *sublimatio* menor, e ao segundo – a experiência do êxtase místico – de *sublimatio* maior. Os *insights* obtidos no processo menor devem ser sempre ancorados externamente para que se justifique o esforço em obtê-los. Quem não ancora os próprios *insights* na existência terrena, na verdade não consegue extrair deles aquilo que intentaram transmitir.

Coagulatio – Representa a aquisição concreta de novas posturas perante a vida, como resultado do íntimo contato travado na etapa anterior, ou ainda a aquisição de um corpo purificado em uma outra dimensão, dependendo do grau em que se tenha processado a elevação espiritual anterior.

É importante notar que *sublimatio* e *coagulatio* são inseparáveis, e que *sublimatio*, junto às operações anteriores (*calcinatio* e *solutio*), constitui o *Solve*, enquanto *coagulatio*, como o próprio nome diz, constitui o *Coagula*.

> **Circulatio** – Representa o constante movimento de elevação da consciência até o "eu" mais profundo e a correspondente descida ao "eu" pessoal, trazendo, a cada vez, mais e mais, novas concepções e um sentido apurado de autoconhecimento.
>
> **Conjunctio** – Representa o casamento, a união; é quando duas essências humanas unem-se sexualmente, produzindo uma grande liberação de energia.

Comentário Pessoal

Quantas e quantas vezes eu ficava olhando perplexa para esses termos todos em livros antigos, achando que era coisa de "louco" ou de inteligências muito superiores... Por conta dessa curiosidade, lancei-me em incansáveis maratonas de estudos para conseguir entender alguma coisa dos princípios herméticos, naquele esquema desenfreado que muita gente conhece de fazer cursos e mais cursos em busca de um "entendimento", até que um dia me dei conta de que deveria sossegar essa curiosidade. E assim o fiz, natural como jamais pensei que poderia ser: tranquilizei meu coração angustiado com tantas perguntas e passei a deixar a vida fluir. Assim, exatamente assim, sem expectativas e sem buscas, encontrei por acaso, na casa de uma amiga, uma apostila sobre perfumes que comentava vagamente sobre o aspecto alquímico. Li, e as poucas linhas sobre os princípios alquímicos pareceram-me tão óbvias e claras que me considerei uma perfeita idiota por não ter entendido antes – na verdade, deixei logo de me culpar, pois compreendi que certos conceitos permanecem velados até que estejamos aptos a compreendê-los.

E desse entendimento inicial, prossegui fazendo inúmeras analogias, e todas funcionavam perfeitamente se aplicadas aos princípios, justificando para mim que estavam certos (não que eu seja assim tão pretensiosa, mas meu lado racional precisava insistentemente de confirmações). Senti-me, então, na obrigação de, na primeira oportunidade, repassar esse conhecimento com a simplicidade com que o obtive. Estou certa de que minhas colocações estão muito longe da profundidade do conhecimento alquímico, mas o objetivo é exatamente o de apresentar os primeiros passos, pois se você aprende a andar e sabe por onde quer andar, nada o impedirá de fazê-lo. É lógico que você, assim como todos que se colocam no "caminho", quer "chegar lá", mas o simples fato de estar caminhando e aperfeiçoando o seu estilo de caminhar já será uma valiosa contribuição ao seu "currículo cósmico" e, seguramente, uma vitória na presente encarnação.

A seguir, no próximo capítulo, abordaremos exclusivamente os perfumes, sem, contudo, ter a pretensão de dissecar o assunto – apenas forneceremos as informações principais para um entendimento inicial –, pois, em matéria de perfumes, só mesmo fazendo as suas próprias experiências você irá apurar seus conhecimentos. Toda a informação teórica é muito útil, mas o seu olfato e a sua sensibilidade apenas poderão ser treinados na prática.

Capítulo V

A Química dos Perfumes: Suas Notas e Expressões

A seguir, forneceremos uma sucinta classificação dos produtos obtidos pelos métodos de extração já vistos e falaremos um pouco mais de perfumes, de suas propriedades de fixação, da intensidade das fragrâncias e de outras coisas que você gostará de saber para aventurar-se a produzir seus próprios perfumes.

Classificação dos Produtos

Concretos: Produtos densos, sólidos e pouco refinados, exclusivamente de origem vegetal.

Absolutos: Nos concretos, encontramos de 20 a 80% de absolutos. São fragrâncias altamente concentradas e solúveis em álcool. Absolutos costumam ser muito caros (rosa, jasmim, angélica, jacinto, gardênia, etc.) e, normalmente, encontram-se à venda já diluídos, o que não altera as características do aroma.

Absolutos resinosos: São extrações em que se concentram o álcool e uma matéria-prima natural, geralmente as gomas resinosas ou exsudações que se formam em diversas árvores, como o líquen de carvalho, resinoso de ládano ou de lírio florentino.

Resinoides: São produtos de consistência viscosa e semissólida, em cuja composição entram ácidos resinosos e toda a matéria orgânica de que se compunha a planta quando submetida a um solvente. Mirra, gálbano e olíbano são algumas plantas que resultam produtos resinoides.

Óleos essenciais: São o princípio odorífero encontrado em várias partes de uma planta e podem ser constituídos por uma imensa gama de produtos químicos, como hidrocarbonetos, álcoois, cetonas, ésteres, éteres, fenóis, ácidos, aldeídos, óxidos e compostos sulfúricos. Os óleos essenciais são os ingredientes mais baratos da perfumaria.

Para guardar seus óleos essenciais, tenha os seguintes cuidados:

- Utilize apenas frascos escuros.
- Mantenha-os constantemente protegidos da luz, em lugares frescos e secos.
- Tampe muito bem os frascos e cuide para fiquem sempre bem cheios (quando o conteúdo estiver acabando, transfira-o para um vidro menor, evitando assim a evaporação).

PERFUMES

Um perfume é mistura harmoniosa de diversas essências aromáticas, de acordo com a inspiração pessoal, de forma que resulte um odor indistinto, porém agradável, equilibrado e de acordo com o estado emocional que se quis transmitir. Ele se compõe de diversas *notas* combinadas com um fixador, que é o elemento responsável pela redução da taxa de evaporação dos aromas utilizados e que, ao mesmo tempo, ajuda a dar *corpo* ao perfume por equilibrar as diferentes taxas de evaporação.

Notas

Principal: É a primeira a ser aspirada quando se abre o frasco ou se aplica o perfume. Essa nota dura muito pouco.

Intermediária: É a que permanece por um tempo maior, também conhecida como nota de corpo.

Básica: É a que permanece durante horas, revelando a capacidade de fixação da essência.

Fixadores

Existem diversas classificações para os fixadores. Apresentaremos as mais conhecidas:

Verdadeiros: Retardam a evaporação (benjoim).

Neutros: Conservam a nota básica sem influir na evaporação dos outros componentes (líquen de carvalho).

Estimulantes: Agregam valor ao perfume, fortalecendo o aroma e dando-lhe mais durabilidade (algália, almíscar).

Falsos: Substâncias inodoras que garantem a fixação mas podem "roubar" algumas qualidades do perfume (óleo de amyris).
ou ainda:

Agradáveis: Benjoim, olíbano, bálsamo-de-tolu, almíscar, âmbar-cinzento, esclareia e vanilina.

Desagradáveis: Valeriana, algália, escatol e castóreo.

Neutros: Benzoato de benzila, ftalato de etila e acetato de glicerila.

Entre os óleos essenciais e resinosos que podemos usar como fixadores em nossas misturas, temos: âmbar, alcatrão, calanga, cedro, coentro, cravo-da-índia, ilangue-ilangue, manjericão, orégano, patchuli, angélica, bálsamo-do-peru, bálsamo-de-tolu, baunilha, benjoim, camomila, copaíba, gengibre, gerânio, junípero, líquen de carvalho e mirra.

MATÉRIAS-PRIMAS DA PERFUMARIA

Forneceremos, aqui, a classificação das fontes naturais de matéria-prima para perfumaria elaborada por Edward Maurer, em seu *Perfumes and Their Production*:

Plantas, arbustos e árvores floríferas: cananga, odorata, cravo, ilangue-ilangue, jacinto, jasmim, junquilho, mimosa, narciso, nerol, resedá, rosa, tuberosa, violeta.

Óleos de folhas: canela, cedro, eucalipto, laranja-da-terra, louro, patchuli.

Óleos de madeiras: aloés, bétula, cânfora, cedro, loureiro, pau-rosa, sândalo.

Folhas, agulhas e galhos: pinheiros, cajepute, cássia, cedro, cipreste.

Óleos de cascas: bétula, canela, cássia.

Óleos de frutas frescas, extraídos por expressão a frio: amêndoa, bergamota, cidra, lima, limão, tangerina.

Óleos de capim: citronela, erva-príncipe.

Óleos de sementes: aneto, angélica, ambreta, cardamomo, cenoura, cominho, mostarda, salsa.

Óleos de frutas secas: anis, coentro, funcho, junípero, noz-moscada.

Botões e frutas secas: cravo, junípero, pimenta-da-jamaica.

Óleos de bálsamos: bálsamo-de-tolu, bálsamo-do-peru, copaíba, ládano.

Gomas: mástique, estoraque, gálbano, opoponax.

Raízes e rizomas: angélica, cálamo, gengibre, lírio-florentino, vetiver.

Óleos de ervas: absinto, alecrim, aneto, arruda, esclareia, estragão, funcho, gerânio, hortelã, lavanda, ligústica, manjericão, manjerona, orégano, poejo, salsa, sálvia, tomilho, verbena.

Famílias de Odores

Florais: Esses perfumes englobam de uma única essência floral a um buquê variado, sem distinção. Subdividem-se em: soliflor, buquê floral, floral verde, floral aldeídico e floral frutoso lenhoso.

Verdes: Aqui, estamos tratando de essências como pinho, ervas, cânfora e menta. Os aromas verdes variam de frescos e leves a balsâmicos e ricos.

Cítricos: As essências básicas dos cítricos são bergamota, nerol, laranja, limão – é do que se constituem as colônias em geral.

Orientais/âmbares: Aqui, bálsamos, âmbares e madeiras mesclam-se para proporcionar características doces e eróticas. Os orientais/âmbares subdividem-se em: âmbar floral lenhoso, âmbar floral picante, âmbar suave, âmbar semifloral e âmbar aldeídico.

Chipres: Neste caso, as misturas são mais complexas e terrosas; um misto de madeira, flores e cítricos que se subdividem em: floral aldeídico, chipre frutoso, chipre couro e chipre verde.

Aldeídicos: Temos, neste caso, florais naturais com produtos sintéticos de grande complexidade, o que, aliás, é uma das características da moderna perfumaria, que teve início com o Chanel n° 5.

Couros/animais: Sensuais e aromáticos, esses perfumes misturam almíscares a aromas levemente doces.

Fougeres: São perfumes frescos e aromáticos, nos quais notas de lavanda contrastam com os tons secos de madeiras raras.

FAZENDO O SEU PRÓPRIO PERFUME

Ao elaborar a sua mistura, não se apresse. Analise as propriedades dos aromas diante do que você pretende obter, preocupe-se em misturar óleos com diferentes índices de evaporação para que a fixação seja mais natural e, se achar necessário, busque um fixador que harmonize todo o conjunto.

Para a elaboração de um perfume, é recomendável que você faça, em primeiro lugar, uma prefixação, que é a desodorização do álcool com algum óleo de aroma semelhante ao que você pretende produzir, mas em quantidade reduzidíssima, pois é apenas para tirar o cheiro do álcool (utilize álcool de cereais). Depois disso, misture os óleos que desejar e conclua com um fixador. Guarde em lugar protegido da luz.

Entretanto, se você quiser fazer uma mistura aromática para usar em massagens, meditação ou ritualisticamente, tenha como base um óleo neutro para diluir as essências, evitando "quebrá-las" com álcool. O óleo, em contato com o calor do corpo, exala seu aroma com mais intensidade e penetra mais profundamente na pele.

Objetivando esclarecer um pouco mais tudo o que dissemos, e para dar um pouco mais de subsídio às suas primeiras experiências como perfumista, fornecemos aqui as receitas básicas, convencionalmente utilizadas para a preparação de extratos oleosos e de perfumes, com produtos que podem ser facilmente adquiridos nas lojas especializadas em essências e artigos de perfumaria. Para começar, além dos produtos indicados na receita a ser utilizada, tenha também à mão um vidro escuro de 1.500 ml, dois copos graduados até 200 ml, dois bastões de vidro, dois funis, também de vidro, e embalagens escolhidas a seu critério para acondicionar a sua criação.

Extratos oleosos

- *Miristrato de isopropila:* 900 ml
- *Essência:* 100 ml (É aqui que entra a sua mistura aromática: a quantidade total de essência a ser utilizada é o "buquê de essências" que você compôs com quantidades menores e variadas de essências diversas.)

Como fazer: Dissolva a essência no miristrato. Apenas isso. Não precisa macerar.

Perfumes

- *Álcool de cereais:* 800 ml
- *Essência:* de 40 a 80 ml para preparar uma colônia, de 80 a 120 ml para preparar um perfume e de 120 a 240 ml para fazer extratos. (Não se esqueça de que essas quantidades referem-se ao "buquê de essências" que você criou.)

- *Fixador:* 20 ml
- *Propileno glicol:* 20 ml
- *Água destilada ou mineral sem gás:* 100 ml

Como fazer: Em um vidro escuro, coloque o álcool de cereais, o fixador e o propileno glicol e deixe repousar. Em um copo graduado, misture as essências escolhidas para formar o seu buquê aromático dentro da medida indicada para o tipo de perfume que você for fazer e misture-as ligeiramente com um bastão de vidro (não use utensílios de metal). Coloque a mistura de essências no vidro escuro onde o álcool estava repousando, agite bem e, em seguida, acrescente a água. Deixe macerar de oito a dez dias, em local protegido da luz solar e, se possível, com resfriamento alternado: um dia no congelador ou *freezer* e outro dia fora, em temperatura ambiente.

Pureza é fundamental?

Utilizar óleos essenciais puros é sempre bom, mas, para perfumes, isso nem sempre é necessário, pois os produtos sintéticos de boa procedência costumam ter um padrão odorífero quase indistinto dos originais e são muito mais acessíveis em termos de preço. Mesmo em se tratando de aromas para trabalhar processos terapêuticos psicossomáticos ou para utilização mágica e ritual, as essências não precisam proceder necessariamente de fonte natural, pois o que importa verdadeiramente é o odor. A forma como ele foi obtido não importa, desde que esteja fielmente reproduzido – se uma essência de rosa evoca a imagem da flor em você, não importa de onde ela veio: se da própria rosa ou de um laboratório químico.

Entretanto, se você for preparar um óleo para massagem ou se for agir sobre algum problema diretamente no corpo físico, nem que seja uma simples aplicação de óleo de lavanda nas têmporas para acalmar dor de cabeça, não hesite em utilizar óleos essenciais puros, pois nesse caso você não estará precisando apenas do aroma, mas principalmente das propriedades da planta – e as propriedades da planta, apenas o óleo que foi realmente extraído dela pode conter.

Capítulo VI

O Lado Oculto dos Aromas

Entender a relação que existe entre os aromas e os sete planetas cabalísticos – Marte, Sol, Vênus, Mercúrio, Lua, Saturno e Júpiter – pode ajudar-nos a desenvolver todo um trabalho de harmonização energética, por meio do qual poderemos sintonizar e atrair a energia de cuja qualidade estivermos precisando.

Para nos aventurarmos nesse caminho, a melhor fonte de conhecimentos de que dispomos é a Cabala, assunto vasto e excitante que abordaremos aqui, ainda que de forma sucinta e privilegiando unicamente o aspecto que possibilita entender o fluxo da energia.

Cabala – Noções Gerais

Por "noções gerais" entenda-se uma abordagem muito simplificada desse sistema de estudos tão complexos que é a Cabala, visando tão somente mostrar de que forma as energias se movimentam através da Árvore da Vida – energias essas que são de uma mesma qualidade

A ÁRVORE DA VIDA,
as 10 Sefiras e os caminhos que as unem.

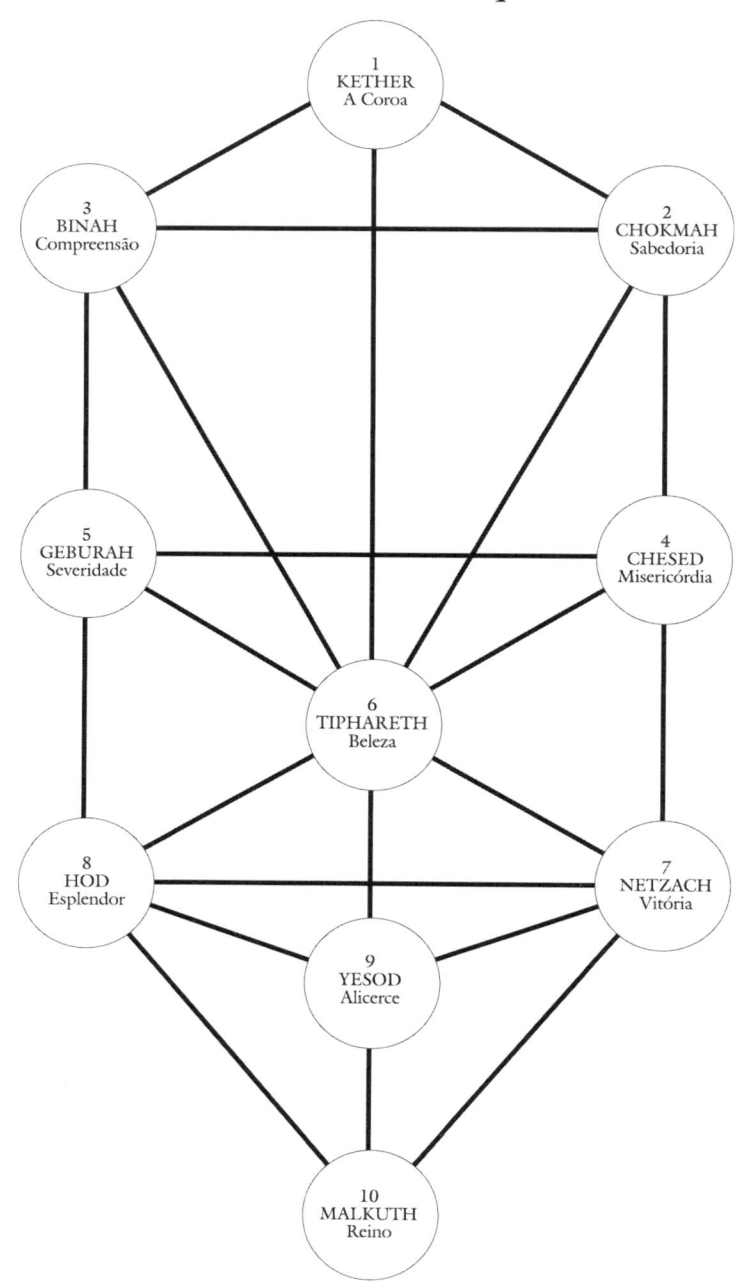

- 1 KETHER — A Coroa
- 2 CHOKMAH — Sabedoria
- 3 BINAH — Compreensão
- 4 CHESED — Misericórdia
- 5 GEBURAH — Severidade
- 6 TIPHARETH — Beleza
- 7 NETZACH — Vitória
- 8 HOD — Esplendor
- 9 YESOD — Alicerce
- 10 MALKUTH — Reino

que as energias que se movimentam em nós e que, vez por outra, precisamos repor.

Na Cabala temos a Árvore da Vida, seu principal elemento de estudo. Esse diagrama ou símbolo tem a função básica de explicar a criação do universo a partir de dez Emanações Divinas representadas pelas dez esferas, que tradicionalmente são conhecidas como Sefiras (Sephiroth).

As dez esferas que compõem a Árvore da Vida dispõem-se em três colunas, ou pilares, e também se unem na forma de triângulos: um ascendente e dois descendentes e uma esfera solta, isolada do esquema triangular.

As esferas da Árvore da Vida que se alinham à direita constituem o Pilar da Misericórdia; as que se alinham à esquerda constituem o Pilar da Severidade; e aquelas alinhadas no centro formam o Pilar do Equilíbrio.

Como a energia que flui através da Árvore da Vida é essencialmente dinâmica, ela pode ser analisada de diversas formas, mas sempre na relação direta que as esferas estabelecem entre si, seja quanto à disposição nos pilares, seja quanto à disposição triangular, ou em relação aos caminhos, pois existem 22 formas de unir as esferas umas às outras.

A Árvore da Vida mostra o desenvolvimento da energia primordial por meio de quatro planos: Divino ou Espiritual, Arquetípico ou Mental, Astral ou Emocional e Material ou Físico, e deixa claro que além do Plano Espiritual, que é onde se inicia a manifestação, existem outros três planos imanifestos.

Para analisarmos a energia fluindo através dos pilares, devemos nos lembrar de que a esfera mais alta – a que se encontra no topo de cada pilar – caracteriza a energia-mestra que por ele flui, e que as esferas que vêm logo abaixo são a expressão daquela energia-mestra em planos que vão se tornando cada vez mais densos.

De acordo com a Cabala, a criação do Universo deu-se a partir da combinação das energias desenvolvidas em cada esfera, de forma que tudo o que existe é resultado da combinação delas. Nada existe no Universo que não manifeste as várias formas de energia expressas na Árvore da Vida.

Sabendo que tudo o que existe no mundo visível e invisível manifesta a qualidade energética das dez esferas, sabemos que nós também manifestamos tais qualidades e que, portanto, nos é fundamental tê-las em equilíbrio. Esse é o principal trabalho que podemos fazer neste nosso atual estágio evolutivo: identificar as qualidades energéticas que temos em excesso e as que temos em falta e procurar equilibrá-las, pois temos de manifestá-las todas, em harmônica vibração. Logicamente, a partir do estudo da Cabala é possível desenvolver toda sorte de trabalhos mágicos e invocações energéticas, mas não é este o nosso propósito. O estudo que faremos a seguir fornece informações dos princípios energéticos contidos em cada esfera da Árvore da Vida e as respectivas atribuições aromáticas.

Esferas Cabalísticas

1ª Esfera — Kether — A Fonte de Tudo

De Kether em diante inicia-se a manifestação; atrás de Kether está o imanifesto. A Kether corresponde ao impulso da energia rumo à manifestação, ou seja, são os Primeiros Movimentos da energia, ainda sem forma e sem organização.

Trabalhar com um aroma correspondente a Kether equivale a injetar um estímulo no chacra coronário, o nosso ponto mais elevado de captação energética, que fica no alto da cabeça. Isso pode impulsionar-nos a contatos superiores elevadíssimos e ajudar-nos significativamente no processo de religação com a fonte única de onde viemos. Estimula-se, aqui, a devoção, a paz, a perfeição, a união das polaridades, o fim da dualidade. Mas também podemos chamar até nós essa energia vibrante e impulsiva para ajudar-nos quando parecemos estar estagnados, quando nada parece nos motivar, quando nos sentimos presos e limitados, sem vontade e sem perspectivas. De Kether vem a Vontade Divina, e quando a trazemos até nós ou nos conectamos com Ela, imbuímo-nos desse Poder e o consagramos para a devida utilização no Plano Físico, que é onde nos encontramos e do qual somos os mais altos representantes.

Representantes da Luz Divina na Terra, podemos e devemos fazer uso dessa energia sempre e nos dois sentidos: seja elevando-nos por meio dela em União Divina, seja trazendo-a até nós para fazermos com que o Reino dos Céus seja aqui.

Relação aromática: âmbar-cinzento

Âmbar-cinzento é um aroma de origem animal. É uma substância que se forma nos intestinos da baleia macho em reação à irritação causada pela ingestão de alguma espécie indigerível – a baleia ingere alguma espécie que não consegue digerir, o que provoca uma irritação, e o seu sistema digestivo, para proteger, envolve a substância agressora com um crescimento irregular de células, que é o âmbar-cinzento. Essa substância tanto pode ser recolhida pela regurgitação dos cachalotes quanto diretamente nos intestinos do animal morto. Por questões ecológicas, atualmente se utilizam âmbares sintéticos.

Esse aroma não tem propriamente um perfume próprio, mas tem a qualidade de potencializar aqueles aos quais se mistura. Assim, é aconselhável que se saiba com objetividade o que se quer potencializar por meio da Vontade Divina manifesta em nós. A partir do estudo da energia das demais esferas, cada um verá qual é a de que necessita e que poderá ser potencializada por meio do âmbar.

2ª Esfera — Hockmah — Sabedoria Ideal e Divina

A energia de Hockmah é tão abundante que jorra! É energia dinâmica pura. É nessa esfera que a energia disparada por Kether se polariza, constituindo os binários masculino e feminino, ativo e passivo, positivo e negativo... A energia encontra-se ainda sem forma, mas traz em si um início de organização. Traçando-se a correspondência planetária, teríamos aqui, enquanto Sistema Solar, a formação do Zodíaco.

A energia de Hockmah liga o nosso *terceiro olho*, o *chacra ajna* que fica entre as sobrancelhas. Assim, Hockmah pode auxiliar-nos grandemente na ativação da nossa faculdade de visão dos Planos Superiores e induzir-nos a estados de grande meditação, pela possibilidade de visualização de realidades supraterrenas. Hockmah também representa o princípio masculino, a energia ativa, de forma que acessá-la e trazê-la até nós pode ativar significativamente a criatividade, tanto quanto liberar a libido e expandir a vitalidade.

Em Hockmah, a energia vital precisa ser envolta em alguma forma para que não se perca. Portanto, ao canalizarmos essa energia, estejamos atentos e já determinados em algum propósito para melhor nos beneficiarmos do grande influxo energético. Também é muito útil acessar Hockmah para despertar processos criativos. A expansão natural da energia dessa esfera torna-a muito recomendada quando queremos trabalhar com o Amor Universal, quando queremos irradiá-lo de forma ampla e incondicional para todas as humanidades, pois podemos ser um canal de Amor tão imenso que a Terra será pequena para contê-lo, de forma que podemos fazê-lo jorrar para as humanidades dos outros planetas e sistemas do Universo! A sensação que se obtém com tais meditações é indescritível!

Relação aromática: almíscar

O almíscar também é de origem animal. É uma substância produzida pela "glândula prepucial de almíscar", uma bolsa situada no invólucro do órgão sexual do veado-almiscarado macho, o *Moschus moschiferus*, encontrado na Sibéria, Coreia, China e do Tibete ao Himalaia. Aqui também, por motivos ecológicos, o produto natural foi substituído pelo sintético.

Doce, sutil e com alta capacidade de difusão, o almíscar é sempre muito útil, tanto para fixar como para ampliar e difundir o aroma que lhe for misturado. Diz-se que o almíscar dá vida a qualquer mistura aromática, além de ser um poderoso afrodisíaco.

3ª Esfera – Binah – A Pura Compreensão

Planetariamente, corresponde a Saturno, que estimula a concentração, a determinação e um apurado senso de responsabilidade.

Nessa esfera, a energia começa a revestir-se de matéria densa e é aqui que tem início a manifestação concreta. Aqui se encontram o princípio da forma e a essência do feminino, o útero que acolhe aquela energia vibrante e dispersa para começar a formar algo concreto e sólido. É a fecundação. A nossa Centelha Divina que, desprendendo-se do imanifesto, tomou seu impulso primordial em Kether, irradiou-se energeticamente em Hockmah e prendeu-se no primeiro envoltório de matéria densa em Binah... Entretanto, chegar a Binah, para um ser encarnado, significa a entrada no Plano Divino, é estar liberado da mente humana e em condições de integrar-se à Unidade.

Essa terceira esfera corresponde a Saturno, que foi o primeiro planeta a se manifestar; inclusive, cientificamente, Saturno é conhecido como o planeta mais antigo do Sistema Solar. Seu nome relaciona-se ao deus do tempo. Nessa esfera desenvolveram-se os aspectos de limitação, de contenção, de disciplina... Porque, nesse estágio, a energia, para poder se manifestar, precisou limitar-se e conter-se dentro de uma forma – se esses aspectos não se desenvolvessem logo no início, a energia se dispersaria e nada seria construído no Universo.

Não existe mágica no Universo. Se alguma coisa requer esforço para ser conquistada, não vamos tê-la sem o necessário empenho. A energia de Binah não nos poupará dos esforços que precisaremos realizar, mas nos tornará predispostos ao esforço, à concentração, à responsabilidade, à acolhida de energias mais frágeis e mais sensíveis, de forma a nos tornarmos um porto seguro onde muitos poderão achar abrigo... Enfim, Binah nos faz fortes e firmes, estruturados em nosso eixo. Mas precisamos de cautela, pois se não temos essa energia, podemos nos tornar desorganizados, dispersos e com uma fraca noção de responsabilidade e dever; contudo, se a temos em excesso, facilmente nos tornamos rígidos, tanto de comportamento quanto de princípios, pois ela tende a concentrar tudo, acarretando limitações pessoais e falta de fé pela excessiva concentração de autoconfiança.

Relações aromáticas: mirra e algália

A mirra é uma goma-resina, uma exsudação que se forma naturalmente em determinados tipos de árvores pequenas e arbustos, enquanto a algália é um aroma de origem animal – é obtida da secreção glandular da *civetta* ou gato-de-algália. Aqui também a matéria-prima original deu lugar aos sintéticos, ao menos na maioria dos casos.

Amarga, adstringente, balsâmica e de cor escura, a mirra tem aroma forte e duradouro – pode-se dizer que com mirra acessamos o lado escuro de Binah; já a algália, enquanto fresca, tem uma cor branco-amarelada que escurece à medida que envelhece e possui um odor repugnante que, em quantidades mínimas, torna-se agradável e atraente, além de ser um ótimo fixador para outros aromas. Diz-se ter propriedades afrodisíacas, e as modernas práticas de feitiçaria não dispensam o uso da algália.

Antes de continuarmos, gostaria de ressaltar que as três esferas superiores da Árvore da Vida, as que constituem o Plano Divino e que acabamos de conhecer, têm suas correspondências aromáticas com essências de origem animal, todas provenientes de animais machos. Essa particularidade é encontrada apenas nessas três esferas e em mais nenhuma.

4ª Esfera – Chesed – Misericórdia Divina

*Planetariamente, corresponde a Júpiter, que favorece
a expansão e a propagação em todos os sentidos.*

A forma iniciada se expande e se estrutura dentro de leis e normas definidas de forma justa e equilibrada. Essa esfera caracteriza os processos de expansão, de desenvolvimento, de crescimento; favorece os *insights* e o contato com o plano arquetípico das ideias divinas; expande na consciência a certeza de que existe um poder superior à forma material, e disso resulta o desenvolvimento da fé e da benevolência.

Essa esfera corresponde a Júpiter, e acessar essa energia pode expandir muito as nossas ideias, fazendo parecer que nos tornamos mais criativos e, sobretudo, mais organizados em nossa criatividade, pois de Chesed as ideias vêm "prontas para usar" – só não podemos exagerar, porque a expansão pode atingir a estratosfera e aí nos dispersamos, ficamos improdutivos e perdemos a habilidade de organização.

De Chesed também acessamos a nossa mais profunda vontade de conectar o Divino e, se nos dispusermos a meditar nessa esfera, certamente as cortinas se descerrarão e veremos a Luz, teremos um aumento de consciência e uma maior clareza em relação ao Plano Divino e à grandeza dos nossos horizontes pessoais, sendo impulsionados a preencher a grandeza visualizada. Isso tudo traz um aumento muito grande dos valores humanos, éticos e religiosos, bem como nos torna mais generosos, idealistas e autoconfiantes, daí decorrendo a autoridade com que nos colocamos em determinadas situações e perante a vida em geral, o que só tende a levar ao sucesso. Contudo, é bom estar atento às obstinações, fanatismos, ideias fixas e ao mal dimensionamento das reais possibilidades de consecução dos planos, pois corre-se o risco de ficar só planejando (expandindo o planejamento) e perder o fio da meada da execução. O ideal é aproximar-se de Chesed comedida e reverentemente.

Relações aromáticas: cedro, cravo-da-índia, melissa...

A partir daqui já estamos trabalhando com uma qualidade de energia que nos é bem mais acessível, pois já estamos nos movimentando no Plano Mental. As qualificações da energia deixam de ser abstratas e conseguimos nos expressar com maior objetividade. Os aromas relacionados a Chesed são todos aqueles que estimulam a riqueza, atraem sucesso, amizades, bem-aventuranças, bênçãos...

Com o cedro, que tem a propriedade de estimular a honra, a riqueza e a dignidade, estimulamos o entusiasmo, a liderança, a independência, a nobreza, o otimismo, a autoconfiança, a integridade e a sabedoria; já o cravo-da-índia, além de afrodisíaco, atua como um poderoso energético para uso pessoal e também impulsiona a energia de outros perfumes, principalmente os solares.

5ª Esfera – Geburah – Justiça ou Severidade

Planetariamente, corresponde a Marte, que estimula a força e a coragem na realização de todos os projetos.

O rei guerreiro e tudo o que evoca o espírito bélico e combativo de quem está em busca da vitória justa são personificados nessa esfera. Aqui, temos os aspectos reguladores do desenvolvimento, além da ação enérgica e corajosa contra toda e qualquer manifestação que comprometa o desenvolvimento justo e equilibrado de um processo iniciado. Com a vigorosa energia marciana de Geburah, faz-se justiça – se preciso, até com as próprias mãos – pela aplicação das leis de maneira implacável, o que, contudo, deixa ao praticante a alegria e o bem-estar de quem está cumprindo o seu dever.

Sintonizar-se com a energia dessa esfera traz muita energia, mas traz também um excessivo rigor nos julgamentos. A pessoa sintonizada em Geburah e alinhada com Marte é valente, corajosa, firme, disciplinada, estrategista, competitiva, mas conviver com ela é um pouco difícil, pois ela sabe qual o padrão ideal de conduta ética e moral e faz questão de aplicá-lo ao pé da letra, consigo e com os outros. São pessoas rígidas demais em suas posturas, excessivamente críticas, briguentas, pois fazem de tudo para que o "correto" se mantenha. Por outro lado, existe um impulso vital muito forte nessas pessoas, que se traduz em uma necessidade incessante de movimento, de ação – ação do tipo competitiva, portanto tais pessoas podem enredar-se nos esportes – e também uma certa infantilidade, própria de quem se encanta (ou se desencanta) com tudo o que vê.

A força maior que essa esfera nos traz é o instinto de autodefesa e de autopreservação, seguidos da ousadia, da capacidade de execução, da força física e da vitalidade sexual exuberante.

Relações aromáticas: tabaco, absinto, gengibre, manjericão e pimenta-da-jamaica.

Com um cheiro semelhante ao do charuto e um tanto almiscarado, o aroma extraído da flor do tabaco é um forte estimulante da vitalidade física. Quanto aos demais aromas, que também atuam como energizantes e estimulantes de uma forma geral, citamos o absinto, que é muito utilizado nas evocações mediúnicas; o gengibre, cujo aroma quente fornece poderoso estímulo psíquico, físico e sexual; o manjericão, que purifica, protege e exorciza; e a pimenta-da-jamaica, de aroma cálido, que aumenta a força de vontade, energiza e vitaliza.

6ª Esfera – Thifereth – Beleza

Planetariamente, corresponde ao Sol, que estimula a liderança, a criatividade, o brilho pessoal, a espiritualidade e a autoconfiança.

Temos aqui o desenvolvimento do poder equilibrador da fé e da bondade da quarta esfera, com a justiça implacável da quinta. Temos o desenvolvimento da harmonia e do equilíbrio. Essa esfera corresponde ao Sol, posiciona-se no centro da Árvore da Vida e, assim como o centro do Sistema Solar, irradia a força vital, luz e calor em todas as direções. Nessa esfera, desenvolve-se a identidade de um sistema em formação.

É meditando em Thifereth, que em nosso corpo é o plexo solar, que nos encontramos com o nosso Eu Superior, que percebemos a realidade maior e começamos a integrá-la em nossas vidas. Viver Thifereth é ter contato com um volume imenso de energia e travar um profundo contato com a nossa consciência mais elevada, que nos restituirá o verdadeiro equilíbrio, a beleza, o contentamento, a autoestima, a autoconfiança, a capacidade de realização e o brilho pessoal em toda sua intensidade.

Pela excessiva e radiante energia emanada dessa esfera, as pessoas com ela sintonizadas geralmente enveredam para o caminho da cura, seja a partir da utilização da energia pura ou dos caminhos convencionais, como nas profissões de médico, enfermeiro ou terapeuta, e costumam ser muito bem-sucedidas, pois trazem as qualificações necessárias para isso. Por outro lado, a canalização dessa energia traz sucesso a qualquer empreendimento.

Relações aromáticas: olíbano, heliotrópio, alecrim, azaleia e camomila

Todos esses aromas conduzem à meditação, ao ritual, à magia mais pura e natural, à prosperidade, à purificação, à consagração e à meditação, bem como à proteção e ao afastamento de todos os males.

O olíbano serve para abençoar, proteger, purificar, consagrar, além de atrair sucesso e prosperidade; o heliotrópio ajuda a concentrar energia nas orações e meditações, sendo muito importante para o desenvolvimento psíquico e espiritual e também para o restabelecimento da paz e da harmonia; o alecrim dá proteção contra magia negra, ajuda a destruir o ódio e dominar o medo, além de ser calmante e curativo, devendo ser usado em banhos rituais; a azaleia atrai sucesso e promoção profissional; e a camomila serve para abençoar, para melhorar as finanças e para massagens terapêuticas.

7ª Esfera – Netzah – Vitória, Verdade, Amor

*Planetariamente, corresponde a Vênus,
que estimula os relacionamentos em geral e
lida especialmente com a atração e com o prazer.*

Aqui é a sede dos impulsos instintivos, dos sentidos, da interação, da troca com o meio em busca da ativação das polaridades. Essa esfera corresponde a Vênus e se relaciona com a beleza, com a afetividade, com o prazer e com tudo que induza à ativação das polaridades, cuja forma mais conhecida é o ato sexual, a união do macho e da fêmea, de onde emergirá uma nova energia. O uso desregrado dos poderes conferidos por essa esfera de energia caracteriza a magia sexual que, trocando em miúdos, nada mais é que o roubo da energia feminina. A propósito, leia a mensagem a seguir:

Em um tempo tão antigo que nem sei precisar e em um lugar tão distante que nem sei identificar, havia rituais onde altos iniciados (sacerdotes), com o auxílio de preciosas servidoras e também iniciadas (vestais), apoderavam-se da energia pura e imaculada de jovens (virgens) especialmente preparadas para cedê-la sem restrições, energia essa que só o sacerdote e aquele ao qual ele servia sabiam a utilização. Depois, desvitalizadas, essas jovens mantinham-se nos templos adquirindo conhecimento, porém nunca podendo exercê-lo com autoridade, posto que, como disse, haviam sido desvitalizadas. E se por uma falta de preparo do sacerdote, que, entregando-se à volúpia, fazia a virgem engravidar, esta era imediatamente abandonada no mundo profano sem a menor compaixão, pois a reputação do sacerdote devia ser preservada e, para tanto, um ato dessa natureza (engravidar a virgem) era inadmissível.

E deturpando ainda mais essa energia com objetivos muito mais ignóbeis, esses mesmos sacerdotes também sodomizavam jovens garotos que guardam até hoje essa feminina submissão em seus olhares e semblante.

Entendem agora, meus amigos, por que é que muitos jovens dos tempos atuais, independentemente de qualquer tipo de necessidade material, parecem entregar-se sem a menor resistência à prostituição de seus corpos? Seriam essas as virgens violadas e os meninos sodomizados, seres desvitalizados que ainda hoje esperam pelo resgate de suas energias, pela restituição dos poderes que lhes devolverá a dignidade e a energia vital?

E permitam-me dizer-lhes ainda mais: a magia sexual é amplamente praticada nos dias de hoje. Não são poucas as jovens que, tendo escapado dos templos ainda virgens, são hoje perseguidas por seus algozes que atuam no plano astral, aprisionando-lhes a energia sexual e não lhes permitindo viver com plena liberdade e saudável prazer a sua sexualidade. Essas jovens são desvitalizadas em seus corpos energéticos e, assim, passam por momentos de depressão, perdem o prazer de viver, não conseguem emanar vibrações suficientes para atrair sexualmente um parceiro... Essas jovens alternam períodos de grande lucidez, quando sentem uma enorme vontade de amar e de serem amadas – chegam até a sentir a ação de alguma força estranha e a querer lutar contra ela – mas, por outro lado, são vítimas de uma desmotivação tal que parecem querer repelir possíveis parceiros e tudo fazem para parecer feias e pouco atraentes. Em resumo, são jovens com uma

> *enorme "trava" na sexualidade, e essa "trava" é por conta da ausência da energia sexual que lhes está sendo roubada.*
> *É mister trabalhar adequada e dignamente a energia sexual, sem se deixar seduzir pelo seu lado mágico, pois na magia sexual apenas um dos lados se vitaliza e usufrui da energia plena para seu único e exclusivo propósito, restando ao outro o papel de simples doador e a ilusão do prazer carnal, do qual será uma eterna vítima e dependente. A verdadeira vitória de Netzah não se atinge com as armas do parceiro, mas unicamente a partir de seus próprios recursos.*
>
> (ASHNA – UMA MENSAGEIRA)

Aqui, tudo é instinto vital e todo o processo é o de lidar com a energia que temos à nossa disposição sem nos deixarmos levar instintivamente – esta é a verdadeira vitória, a vitória sobre si mesmo e o poder de utilizar a própria energia com a devida consciência. Nessa esfera, devido à qualidade da sua energia, se a pessoa não "lutar" vigorosamente pela vitória, poderá ser vitimada por excessivos desejos de prazeres sensuais e voluptuosos que degradam os sentidos, pois não se pode esquecer que a ativação das polaridades, aqui estimulada, pode ser buscada tanto nos mundos elevados como nas profundezas infernais – é uma questão de vitória ou de derrota.

Tudo que aguça os sentidos pertence a Netzah, assim como afetos, vivacidade, deleite, encanto, sensualidade, amor, nobreza, sedução, romance, sofisticação, requinte, sentimentalismo e, principalmente, os relacionamentos interpessoais, que no dia a dia acabam sendo a forma mais prática de se obter prazer. A vitória que se apregoa entre as qualidades de Netzah é, como já dissemos, a vitória sobre si mesmo na correta utilização da energia recebida da esfera anterior, evitando-se a degradação que pode advir dos relacionamentos desregrados e voltados unicamente para a sensualidade e os prazeres carnais.

Netzah é uma das esferas de magia da Árvore da Vida, pois lida basicamente com a energia sexual, com a *kundalini* ou o fogo serpentino que ascende com a ativação da polaridade.

Relações aromáticas: rosa, benjoim, camélia, artemísia, baunilha, bétula e ilangue-ilangue

Todos esses aromas sensibilizam o olfato de maneira agradável e induzem à beleza, ao deleite, à sedução, ao amor, ao afeto e à sensualidade. A rosa induz a pensamentos afetuosos e emite vibrações harmoniosas; o benjoim aumenta a beleza e ajuda nos processos de purificação; a camélia tem o dom de fazer com que, ao usá-la, a pessoa se torne inesquecível; a artemísia desperta o desejo sexual; a baunilha pode ser utilizada para aliviar e curar males diversos, bem como para acrescentar sorte nas "poções de amor", cujos ingredientes indispensáveis são a bétula e o ilangue-ilangue.

8ª Esfera – Hod – Glória e Esplendor

*Planetariamente, corresponde a Mercúrio,
que estimula a agilidade mental e a comunicação
em todas as suas formas.*

Chegamos à esfera da razão e a uma esfera não menos mágica, pois toda magia precisa, antes, ser plasmada pelo poder mental de Hod.

Na constituição do ser humano, temos aqui o desenvolvimento mental, que busca conduzir a energia instintiva da esfera anterior dentro dos padrões racionais, evitando assim que a mesma se perca. Então, aquela energia instintiva que poderia facilmente degenerar-se e degradar-se poderá requintar-se e gerar novas habilidades de acordo com o desenvolvimento mental que o indivíduo adquira nessa esfera. Assim, uma pessoa bem dotada racionalmente terá uma grande agilidade mental, bem como uma enorme facilidade de expressão de tudo o que a sua mente objetiva conseguir elaborar – e ela será naturalmente dotada para elaborar os mais intrincados planos de ação. Essa esfera corresponde a Mercúrio que, como bem sabemos, define-se pela agilidade mental e de expressão, pela comunicação clara daquilo que foi mentalmente elaborado.

Relações aromáticas: estoraque, âmbar, esclareia, lilás, madressilva e mástique

Todos esses aromas têm algum tipo de ação no processo mental. O estoraque é um forte estimulante; o âmbar fortalece a aura, equilibra a polaridade dos corpos, atrai a solidariedade e os amantes, além de aumentar os poderes telepáticos; a esclareia acalma os nervos e é excelente na meditação, podendo ser usada antes de dormir para propiciar um sono tranquilo; o lilás fortalece a memória e o desenvolvimento mental e também propicia paz e harmonia na vida cotidiana; a madressilva, além de estimulante, também desenvolve a intuição e a percepção; e o mástique aumenta sensivelmente a energia mental.

9ª Esfera – Yesod – Fundação, Reino do Subconsciente

Planetariamente, corresponde à Lua,
que estimula os poderes mediúnicos e intuitivos,
e também a emotividade e a imaginação.

Essa é a esfera da união da energia instintiva e mental para se praticar a MAGIA com letras maiúsculas. Aqui, equilibram-se os extremos, criando-se as imagens mentais que vão verdadeiramente manifestar-se, pela ação do mago, no Plano Físico. Magia à parte, estamos na esfera que corresponde à Lua, e isso significa que estamos no reduto da emoção, da sensibilidade, da intuição, do entendimento, da necessidade de bem-estar emocional... Aspectos que, para se manifestarem adequadamente, necessitam do uso equilibrado da energia racional e da instintiva, uma vez que são resultantes das mesmas.

A Lua representa o nosso inconsciente, o lado que esconde os padrões subliminares da nossa vida emocional, muito ligada ao arquétipo feminino e, portanto, aos ritmos da vida, da morte e da reprodução. Harmonizar-se com a energia de Yesod significa tornar-se adaptável, emocionalmente fluente, receptivo, solidário, maternal, místico, devotado e sublime, entre outras qualidades mágicas e femininas.

Relações aromáticas: jasmim, cânfora, tuberosa e *Aloe vera* (babosa)

O jasmim traz proteção astral, sorte e estimula o lado devocional; a cânfora é um poderoso energético psíquico e fonte de poderes ocultos nas "poções lunares" e também dá força física se usada em massagens; a tuberosa afasta o mal e a negatividade, além de induzir à alegria, paz e harmonia; e o *Aloe vera*, que conhecemos como babosa, tem efeito calmante e representa o aspecto nutritivo e curativo da Lua (o corte transversal em uma folha de babosa nos mostra a imagem de uma Lua repleta pelo seu elemento, a Água).

10ª Esfera – Malkuth – Reino, Estabilidade, Firmeza

Planetariamente, corresponde à Terra, que é onde tudo se manifesta, onde tudo adquire três dimensões e está sujeito à ação da gravidade.

Finalmente, chegamos à esfera da manifestação concreta de tudo que se desenvolveu nas esferas anteriores. Essa esfera corresponde à Terra, e vemos então que é sobre a Terra que atuam as forças das esferas que estão acima dela.

Aqui aprendemos a trabalhar com uma energia de natureza mais densa, que envolve firmeza, realização sobre a matéria concreta, e com esse trabalho desenvolvemos qualidades como a paciência, a perseverança, os sentidos físicos, a transmutação e a vitalidade.

Fique claro, porém, que para levarmos tal aprendizado a bom termo, devemos conhecer e respeitar as leis cósmicas tanto quanto as leis físicas do Universo. Precisamos ter ainda mais claro que é exatamente aqui no reino da estabilidade que precisamos estar, com este corpo físico, para trabalharmos e alcançarmos a nossa evolução. Não há evolução possível para o homem fora da matéria – é aqui que deveremos aprender, praticar e transcender todas as limitações, elevando-nos, por fim. Na ascensão do plano físico, mudamos de dimensão conscientemente. Muitos pensam que tudo o que sabem já lhes confere o poder de arbitrar sobre a própria vida, estabelecendo o seu fim, por considerar que já estão habilitados a adentrar um novo plano evolutivo. Enganam-se! Muitos "mestres" surgirão apregoando que sabem a hora de parar o relógio do tempo – não lhes dê crédito; aliás, não procure por mestres e siga tão somente o seu mestre interior.

Relações Aromáticas: Patchuli

O patchuli aterra e ancora a energia no plano físico.

UTILIZAÇÃO PRÁTICA

As correspondências aromáticas das esferas da Árvore da Vida vão muito além das citadas, porém essas são as mais determinantes do potencial de cada esfera. Também existem as correspondências dos aromas aos 22 caminhos da Árvore da Vida, que são as 22 formas possíveis de relacionamento entre as dez esferas.

Mas agora que você tem essas informações, o que fazer com elas? Bem, primeiramente, é aconselhável iniciar um trabalho de autoconhecimento.

A utilização ritualística e mágica dos perfumes requer, antes de mais nada, que você saiba o que está querendo alcançar. Antes de se lançar a qualquer tipo de aventura, saiba quais são as suas armas pessoais, ou melhor dizendo, conheça-se um pouco mais. Procure saber principalmente qual a natureza da sua energia básica. Depois, veja em que esfera flui a energia necessária ao que você está pretendendo conseguir e procure um aroma adequado, pois é para isso que servem as tabelas de correspondências aromáticas que inserimos a seguir.

Correspondências dos quatro elementos

Fogo – Sul – Miguel – *coentro, manjericão, canela*
Água – Oeste – Gabriel – *jasmim, limão, bétula*
Ar – Leste – Rafael – *lavanda, gálbano, mástique*
Terra – Norte – Uriel – *vetiver, verbena, rosa*

Todo ritual mágico pede, antes, que se trace o "círculo mágico" e se situem os pontos cardeais, e cada ponto cardeal corresponde a um elemento, a um guardião e a um aroma específico.

Um ritual muito simples, como um exercício de treinamento para despertar seus poderes, é invocar a energia do quadrante para sua proteção pessoal e para a potencialização da sua força de vontade para atingir seus objetivos.

Faça assim:
Com uma bússola, situe o Leste e coloque-se de frente para esse ponto. Feche os olhos, busque conectar-se com a energia do seu Eu Superior e permaneça alguns instantes em silêncio.
Trace mentalmente um grande círculo em torno de si e estabeleça que ali é o seu território mágico e que dentro dele só atuarão as forças que você invocar; que qualquer outra energia não se interponha nem interfira naquele perímetro.
A seguir, tome consciência da sua localização espacial: você está de frente para o Leste e, portanto, à sua direita está o Sul, atrás de você, o Oeste e à sua esquerda, o Norte. Pronto. Agora, diga em voz alta:
"Diante de mim está Rafael (procure sentir um suave perfume de lavanda)
À minha direita, Miguel (procure sentir o aroma de canela ou manjericão)
Atrás de mim, Gabriel (procure sentir o aroma de jasmim)
E à minha esquerda, Uriel (procure sentir um suave perfume de rosas)
Poderosos Arcanjos, guardiões dos quatro cantos do céu
Eu vos peço proteção e (complete com o seu pedido)."
Dito isso, você pode sentar-se no centro do quadrante e meditar por alguns instantes ou agradecer a proteção e a ajuda e retirar-se reverentemente.
De início, para facilitar a memorização dos aromas, que na verdade são bem simples, você pode perfumar cada canto do quadrante com o seu perfume específico; depois, com a prática, você verá que o perfume brotará naturalmente em sua mente.

Correspondências planetárias

Saturno – *algália, mirra, cipreste*
Júpiter – *cedro, noz-moscada, cravo, anis*
Marte – *pinho, manjericão, absinto, coentro*

Vênus – rosa, violeta, ilangue-ilangue, baunilha
Mercúrio – mástique, cálamo, lavanda
Lua – cânfora, jasmim, limão, bétula
Sol – canela, louro, olíbano

Papus, médico e ocultista famoso, falecido no início do século, passado, deixou-nos todo um estudo da "astrologia natural", que é como ele denomina a interação e as influências dos planetas nos reinos da natureza. Nesse estudo, Papus aborda a relação dos planetas com o reino vegetal. Para começar, ele nos situa quanto à correspondência planetária das diversas partes de uma planta e, a seguir, descreve as características das plantas que se relacionam a cada planeta.

Vejamos suas tabelas de correspondências:

As partes das plantas e os planetas correspondentes

Frutos – Júpiter
Flores – Vênus
Semente e casca – Mercúrio
Raiz – Saturno
Tronco – Marte
Folhas – Lua

Os planetas e as características das plantas que lhes correspondem

Saturno: Plantas venenosas e que entorpecem, plantas que não produzem frutos, plantas que produzem raízes, folhas, galhos ou frutos negros (figueira-negra, cipreste, pinheiro) e aquelas que têm gosto amargo, odor violento, que produzem uma sombra negra ou que são funestas.

Júpiter: Plantas que se caracterizam por seu cheiro aromático e bom e pelos frutos, quase todos oleaginosos, de sabor doce; árvores majestosas, como o carvalho, que são consideradas portadoras da felicidade, como a aveleira, o álamo, a figueira-branca e a oliveira.

Marte: Plantas venenosas devido ao calor abundante, plantas com espinhos que picam, provocam coceira ou fazem a pele se inflamar e as que fazem chorar ao limpá-las.

Sol: São as ervas aromáticas que podem se classificar de acordo com seus movimentos em relação ao Sol, como o girassol, ou as que têm um ciclo de abrir e fechar de folhas regulado pelo nascer e pôr do sol, e as que abrem suas folhas e as estendem pouco a pouco quando o Sol se levanta, como o loureiro e a peônia.

Vênus: São ervas que se distinguem pelo seu perfume, como a verbena e a valeriana, e as que têm frutos muito doces, como as peras, os figos ou as laranjas; também as rosas são particularmente consagradas a Vênus.

Mercúrio: Aqui temos ervas de várias naturezas e cores.

Lua: Consagradas à Lua são as plantas da água ou as que sofrem a influência dos ciclos lunares, como a palmeira, que dizem deitar uma rama a cada hora da Lua, e a chinostares, que cresce e decresce como a Lua.

No plano físico em que vivemos, recebemos diretamente as influências planetárias, e para que todo esse estudo não seja apenas um conhecimento a mais, desprovido de utilidade prática, apresentamos, a seguir, alguns dados referentes aos planetas que podem ser de grande utilidade quando nos propomos a analisar a qualidade da nossa energia pessoal e a elaborar um aroma específico para harmonização energética.

Sol

Em geral: Lida basicamente com individualidade, identidade, energia vital e criativa, com o Eu Interior e com os valores essenciais. Representa o anseio de ser e de criar. Simboliza a necessidade de se expressar, de ser reconhecido, de brilhar... É a energia universal e radiante do fogo, excitável e entusiástica, representando o nosso magnetismo pessoal, a nossa força interior.

Equilíbrio: Amor universal, fé, fluxo criativo do Eu, liderança, otimismo, autoconfiança.

Excesso: Orgulho, vontade de ser diferente dos outros, egocentrismo, o sentir e agir como se o mundo girasse à sua volta.

Falta: Apatia, falta de fé, desânimo, pessoa apagada e sem brilho.

Orientação: Acentuam-se as qualidades e corrige-se a falta com aromas relacionados ao Sol; reduzem-se os desequilíbrios do excesso com aromas relacionados aos seguintes planetas: Lua, Vênus, Mercúrio, Marte ou Júpiter.

Correspondências

Principal atributo: Percepção
Virtude: Fé
Vício: Orgulho
Dia da semana: Domingo
Arcanjo: Rafael
Ordem angélica: Virtudes
Pedras: Crisólito, citrino, topázio
Metal: Ouro
Cor: Amarelo-ouro
Signo: Leão

Lua

Em geral: Aqui, predominam emoção, sensibilidade, intuição e entendimento, mas também melancolia e instabilidade. Representa os anseios de segurança familiar e de apoio interior; a necessidade de tranquilidade emocional, de sentir-se bem consigo mesmo. A Água, elemento relacionado à Lua, representa o reino da emoção profunda, do inconsciente.

Equilíbrio: Receptividade, contentamento, bem-estar interior, adaptabilidade, fluência e emoções bem trabalhadas.

Excesso: Sensibilidade exagerada, insegurança, fragilidade, necessidade de proteção, descontrole emocional.

Falta: Apatia em relação aos valores emocionais e à segurança, familiar e emocional.

Orientação: Acentuam-se as qualidades e corrige-se a falta com aromas relacionados à Lua; reduzem-se os desequilíbrios do excesso com os aromas relacionados aos seguintes planetas: Vênus ou Mercúrio.

Correspondências

Principal atributo: Visão
Virtude: Independência
Vício: Preguiça
Dia da semana: Segunda-feira
Arcanjo: Gabriel
Ordem angélica: Anjos
Pedras: Opala, calcedônia, pérola
Metal: Prata
Cor: Branco, prata
Signo: Câncer

Mercúrio

Em geral: A palavra-chave é "comunicação". Lida com a mente consciente, com a capacidade de raciocínio e de expressão intelectual. É o impulso para expressar a inteligência por meio da habilidade e da palavra. Simboliza a necessidade de aprendizado e de relacionamentos. Mensageiro do Ego, Mercúrio reflete o que vê, ou seja, recebe os impulsos da mente e os comunica com grande agilidade.

Equilíbrio: Uso criativo da inteligência, raciocínio rápido, clareza verbal, objetividade, brilhantismo, poder de persuasão.

Excesso: Mau uso da inteligência, excessivamente racional, parcialidade na expressão de opiniões, ambiguidade.

Falta: Raciocínio lento, dificuldade para se expressar, comunicação ineficiente.

Orientação: Acentuam-se as qualidades e corrige-se a falta com os aromas relacionados a Mercúrio; reduzem-se os desequilíbrios do excesso com os aromas relacionados aos seguintes planetas: Vênus ou Lua.

Correspondências

Principal atributo: Palavra
Virtude: Verdade
Vício: Falsidade, desonestidade
Dia da semana: Quarta-feira

Arcanjo: Mickael
Ordem angélica: Arcanjos
Pedras: Ametista, ágata, calcita laranja
Metal: Mercúrio
Cor: Laranja, multicolor
Signo: Gêmeos e Virgem

Vênus

Em geral: Sua palavra-chave é "harmonia". Lida com afeição, beleza, conforto, arte, com o lado social da vida e a troca de energia entre as pessoas. É o impulso amoroso, a expressão das afeições, o anseio de prazer, a necessidade de aproximação e de sensações de conforto e aconchego, e a sintonia emocional para nos relacionarmos bem.

Equilíbrio: Amor, coração generoso, afetividade, beleza, prazer, doçura, equilíbrio emocional.

Excesso: Cobiça, luxúria, exigências emocionais, futilidades em geral.

Falta: Desamor, afetos contidos, carência afetiva, desmotivação e apatia nos relacionamentos em geral.

Orientação: Acentuam-se as qualidades e corrige-se a falta com os aromas relacionados a Vênus; reduzem-se os desequilíbrios do excesso com os aromas relacionados aos seguintes planetas: Mercúrio ou Marte.

Correspondências

Principal atributo: Paladar
Virtude: Temperança
Vício: Luxúria
Dia da semana: Sexta-feira
Arcanjo: Haniel
Ordem angélica: Principados
Pedras: Esmeralda, coral
Metal: Cobre
Cor: Verde amarelado e rosado
Signo: Touro e Libra

Marte

Em geral: Energia é sua palavra-chave. Lida com ação, impulso, energia, independência, ousadia, conquista e competitividade. Representa o impulso sexual, a tendência para agir decididamente e a necessidade de conquista e de excitação. Todas as relações com exércitos, arsenais, disciplina férrea aplicam-se a Marte.

Equilíbrio: Coragem, iniciativa, força de vontade, determinação, objetividade estratégica.

Excesso: Impaciência, obstinação, violência, abuso de poder e de força, ira, crueldade.

Falta: Pouca determinação e iniciativa, covardia, vontade fraca, dependência da ação e do impulso de terceiros.

Orientação: Acentuam-se as qualidades e corrige-se a falta com os aromas relacionados a Marte; reduzem-se os desequilíbrios do excesso com os aromas relacionados aos seguintes planetas: Vênus ou Júpiter.

Correspondências

Principal atributo: Tato
Virtude: Força
Vício: Cólera
Dia da semana: Terça-feira
Arcanjo: Kamael
Ordem angélica: Potências
Pedras: Rubi, sardônia
Metal: Ferro
Cor: Vermelho
Signo: Áries e Escorpião

Júpiter

Em geral: Expansão e benevolência são suas palavras-chave. É o desenvolvimento e a expansão dos valores humanos, morais, éticos e religiosos; o impulso para a busca da verdade, do bom e do belo. Dá-nos um sentido de justiça, de leis e de normas, representando também a vontade de unir-se a algo maior que o próprio Eu, simbolizando a necessidade de fé, certeza e confiança na vida e em si mesmo.

Equilíbrio: Fé, confiança num poder superior, bondade, abundância.

Excesso: Confiança exagerada, dispersão de energia, irresponsabilidade, desperdício... prometer demais, expandir-se demais...

Falta: Desconfiança, incredulidade.

Orientação: Acentuam-se as qualidades e corrige-se a falta com os aromas relacionados a Júpiter; reduzem-se os desequilíbrios do excesso com os aromas relacionados aos seguintes planetas: Saturno ou Marte.

Correspondências

Principal atributo: Olfato
Virtude: Justiça
Vício: Gula
Dia da semana: Quinta-feira
Arcanjo: Uriel
Ordem angélica: Dominações
Pedras: Safira, berilo, jaspe
Metal: Estanho
Cor: Azul (todos os tons), violeta
Signo: Sagitário e Peixes

Saturno

Em geral: Estrutura e rigidez são suas palavras-chave. É o princípio da autopreservação e da segurança básica, expressos pelo esforço, disciplina, caráter, paciência, perseverança e contenção. O dever sempre em primeiro lugar, com toda responsabilidade, respeito e justiça. É o impulso para defender a integridade do Eu por meio de realizações tangíveis e é a necessidade de aprovação social a partir dos próprios recursos e trabalho.

Equilíbrio: Esforço, disciplina, aceitação dos deveres e responsabilidades, organização, confiabilidade, retidão.

Excesso: Avareza, confiança exagerada em si mesmo ou falta de fé, limitações pessoais, rigidez, frieza, inibição, medos. Coloca os deveres acima de todas as necessidades pessoais.

Falta: Maleabilidade excessiva, ausência de valores de autopreservação e de estrutura básica, desorganização.

Orientação: Acentuam-se as qualidades e corrige-se a falta com os aromas relacionados a Saturno; reduzem-se os desequilíbrios do excesso com os aromas relacionados aos seguintes planetas: Júpiter ou Vênus.

Correspondências

Principal atributo: Audição
Virtude: Prudência
Vício: Avareza
Dia da semana: Sábado
Arcanjo: Orifiel
Ordem angélica: Tronos
Pedras: Ônix, calcedônia
Metal: Chumbo
Cor: Marrom e preto
Signo: Capricórnio e Aquário

Correspondências zodiacais

Áries – *coentro, pinho, manjericão, canela*
Touro – *gerânio, jasmim, murta, patchuli, baunilha*
Gêmeos – *anis, lavanda, manjericão*
Câncer – *jasmim, limão, lavanda, nardo*
Leão – *canela, mirra, olíbano, noz-moscada*
Virgem – *mástique, olíbano, lavanda, hortelã, bergamota*
Libra – *rosa, bétula, cipreste, hortelã, cedro*
Escorpião – *almíscar, pinho, gengibre, violeta*
Sagitário – *hissopo, cravo, aloé, cedro, pinho*
Capricórnio – *cedro, vetiver, absinto, mirra, louro*
Aquário – *mirra, hortelã, pinho, bergamota, eucalipto*
Peixes – *violeta, patchuli, cedro, anis, pinho*

Essa extensa tabela, a princípio meio complicada, é bem mais simples do que você imagina. Para consultá-la, no entanto, é necessário que você saiba antecipadamente qual é o seu Anjo. A partir dessa informação prévia, você localiza nessa tabela o seu Anjo e a sua correspondência com os planetas, com os signos e com os elementos. Com essas informações, você vai às tabelas de planetas, signos e elementos, fica sabendo que aromas permitem uma melhor sintonização com o seu Santo Anjo Guardião e prepara o seu próprio perfume mágico.

Correspondências angélicas

	ANJO	PLANETA	SIGNO	ELEMENTO
1º	Vehuiah	Marte	Áries	Fogo
2º	Jeliel	Marte	Áries	Fogo
3º	Sitael	Sol	Áries	Fogo
4º	Elemiah	Sol	Áries	Fogo
5º	Mahasiah	Vênus	Áries	Fogo
6º	Lelahel	Vênus	Áries	Fogo
7º	Achaiah	Mercúrio	Touro	Terra
8º	Cahethel	Mercúrio	Touro	Terra
9º	Haziel	Lua	Touro	Terra
10º	Aladiah	Lua	Touro	Terra
11º	Lauviah	Saturno	Touro	Terra
12º	Hahaiah	Saturno	Touro	Terra
13º	Iezalel	Júpiter	Gêmeos	Ar
14º	Mebahel	Júpiter	Gêmeos	Ar
15º	Hariel	Marte	Gêmeos	Ar
16º	Hakamiah	Marte	Gêmeos	Ar
17º	Laoviah	Sol	Gêmeos	Ar
18º	Caliel	Sol	Gêmeos	Ar
19º	Leuviah	Vênus	Câncer	Água
20º	Vehuiah	Marte	Áries	Fogo
21º	Jeliel	Marte	Áries	Fogo
22º	Sitael	Sol	Áries	Fogo
23º	Elemiah	Sol	Áries	Fogo
24º	Mahasiah	Vênus	Áries	Fogo
25º	Lelahel	Vênus	Áries	Fogo
26º	Achaiah	Mercúrio	Touro	Terra

continuação

	ANJO	PLANETA	SIGNO	ELEMENTO
27º	Cahethel	Mercúrio	Touro	Terra
28º	Haziel	Lua	Touro	Terra
29º	Aladiah	Lua	Touro	Terra
30º	Lauviah	Saturno	Touro	Terra
31º	Hahaiah	Saturno	Touro	Terra
32º	Iezalel	Júpiter	Gêmeos	Ar
33º	Mebahel	Júpiter	Gêmeos	Ar
34º	Hariel	Marte	Gêmeos	Ar
35º	Hakamiah	Marte	Gêmeos	Ar
36º	Laoviah	Sol	Gêmeos	Ar
37º	Caliel	Sol	Gêmeos	Ar
38º	Haamiah	Lua	Libra	Ar
39º	Rehael	Saturno	Libra	Ar
40º	Ieiazel	Saturno	Libra	Ar
41º	Hahahel	Júpiter	Libra	Ar
42º	Mikael	Júpiter	Libra	Ar
43º	Veualiah	Marte	Escorpião	Água
44º	Ielehiah	Marte	Escorpião	Água
45º	Sealiah	Sol	Escorpião	Água
46º	Ariel	Sol	Escorpião	Água
47º	Asaliah	Vênus	Escorpião	Água
48º	Mihael	Vênus	Escorpião	Água
49º	Vehuel	Mercúrio	Sagitário	Fogo
50º	Daniel	Mercúrio	Sagitário	Fogo
51º	Hahasiah	Lua	Sagitário	Fogo
52º	Imamiah	Lua	Sagitário	Fogo
53º	Nanael	Saturno	Sagitário	Fogo
54º	Nithel	Saturno	Sagitário	Fogo
55º	Mebahiah	Júpiter	Capricórnio	Terra
56º	Poiel	Júpiter	Capricórnio	Terra
57º	Nemamiah	Marte	Capricórnio	Terra

continuação

	ANJO	PLANETA	SIGNO	ELEMENTO
58º	Ieialel	Marte	Capricórnio	Terra
59º	Harahel	Sol	Capricórnio	Terra
60º	Mitzrael	Sol	Capricórnio	Terra
61º	Umabel	Vênus	Aquário	Ar
62º	Iah Hel	Vênus	Aquário	Ar
63º	Anauel	Mercúrio	Aquário	Ar
64º	Mehiel	Mercúrio	Aquário	Ar
65º	Damabiah	Lua	Aquário	Ar
66º	Manakel	Lua	Aquário	Ar
67º	Eiael	Saturno	Peixes	Água
68º	Habuhiah	Saturno	Peixes	Água
69º	Rochel	Júpiter	Peixes	Água
70º	Jabamiah	Júpiter	Peixes	Água
71º	Haiaiel	Marte	Peixes	Água
72º	Mumiah	Marte	Peixes	Água

Tomemos como exemplo o 66º, Anjo Manakel.

Pela tabela, vemos que ele se relaciona com a Lua, com o signo de Aquário e com o elemento Ar. Agora, vamos conferir as outras tabelas.

Na tabela dos planetas, vemos que a Lua relaciona-se com os aromas de cânfora, jasmim, limão e bétula; na tabela do zodíaco, temos Aquário correspondendo a mirra, hortelã, pinho, bergamota, eucalipto; e na dos Elementos, temos o Ar correspondendo a lavanda, gálbano, mástique. Com essas informações, você elege um aroma de cada sequência e faz o perfume especial do seu Santo Anjo Guardião, o perfume mágico que poderá ativar seu contato com as esferas mais elevadas de energia e luz.

Para ficar mais fácil visualizar o que foi encontrado, relacione os dados em uma tabelinha, como o modelo a seguir.

Fazendo o seu perfume mágico

Para fazer um perfume mágico, o princípio é bem simples: compre os óleos essenciais necessários, certificando-se de que são de boa procedência, e dilua-os em algum óleo vegetal inodoro, como o de sementes de uva, por exemplo, ou em um produto químico utilizado para a preparação de essências oleosas, que se chama *miristrato de isopropila*. A base oleosa é importante porque permite que o aroma se expanda mais facilmente sob a ação do calor da pele, podendo também ser colocado em um difusor para vaporização. Se você utilizar um bom óleo vegetal como base, terá a vantagem de poder utilizar o seu perfume mágico em massagens, principalmente para a ativação dos chacras, seguindo as orientações que forneceremos nos próximos capítulos.

Se quiser fazer um perfume volátil, que se difunda mais rapidamente e não permaneça com você além do tempo necessário, dilua seus óleos essenciais em álcool de cereais, mas não utilize qualquer tipo de fixador artificial. Depois de preparada a mistura, deixe macerar por cerca de dez dias em lugar escuro e protegido da luz.

Para fazer os seus perfumes mágicos, tenha como base os produtos e medidas indicados no capítulo V, mas não se esqueça de dar atenção a detalhes, como as fases da Lua, por exemplo: para ampliar uma energia, trabalhe na fase Crescente; para diminuir problemas, energias negativas, etc., trabalhe na fase Minguante; para começar algo novo, trabalhe na fase Nova; e para produzir fartura e crescimento, trabalhe nas fases Crescente ou Cheia.

Outro detalhe que não deve ser esquecido é que as mulheres, no período menstrual, estão se renovando para a vida e, portanto, devem recolher-se, para que todas as suas energias se renovem, liberando-as apenas para trabalhos mágicos após esse período.

ANJO:	
Correspondências	Aromas
Planeta:	
Elemento:	
Signo:	

Fórmulas mágicas

Como estamos tratando de perfumes mágicos, você pode utilizar as fórmulas que se seguem para a preparação de colônias, perfumes ou extratos oleosos, de acordo com a receita do capítulo V, mas também pode elaborá-las e mantê-las mais concentradas mediante a adição de uma pequena quantidade de álcool de cereais ou de alguma base oleosa, de acordo com a sua intuição.

Para atração	Para rituais
30 ml de verbena	15 ml de mirra
15 ml de rosa	15 ml de cedro
10 ml de sândalo	30 ml de jasmim
5 ml de menta	5 ml de lilás
Para intuição	**Para quebrar feitiços**
10 ml de gardênia	30 ml de patchuli
30 ml de jasmim	15 ml de mirra
20 ml de sândalo	10 ml de cedro
	10 ml de sândalo
Para meditação	**Para bons negócios**
30 ml de jasmim	30 ml de canela
10 ml de cânfora	10 ml de cravo-da-índia
20 ml de olíbano	10 ml de flor-de-laranjeira
Contra inveja	**Para incentivar mudanças**
20 ml de mirra	15 ml de âmbar
20 ml de acácia	15 ml de alecrim
10 ml de olíbano	20 ml de arruda
Para abrir novos horizontes	**Para tranquilidade no lar**
10 ml de eucalipto	20 ml de lírio-do-vale
10 ml de cravo-da-índia	20 ml de erva-doce
20 ml de noz-moscada	20 ml de flor-de-laranjeira
10 ml de cedro	10 ml de camomila

Capítulo VII

Aroma e Cromoterapia: Trabalhando com a Fraternidade Branca

A Estreita Relação entre Perfumes e Cores

É interessante perceber como existem coisas, aparentemente óbvias, que nos passam despercebidas. Muitas vezes trabalhamos com diversos elementos isoladamente e sequer nos ocorre que, juntando-os, poderemos dispor de alguma coisa totalmente nova e muito mais poderosa que as partes.

Minha ligação com aromas é uma coisa muito antiga, creio até que já mencionei isso em alguma parte deste livro. Há um tempo atrás, antes de começar a dedicar-me mais seriamente aos estudos esotéricos, tive um *insight* que me levou a elaborar perfumes para conectar a energia dos sete planetas cabalísticos, os quais forneço até hoje a algumas pessoas amigas, que encontraram neles um forte aliado para suas atividades terapêuticas e de canalização energética.

Particularmente, da utilização desses perfumes, o fruto que colhi foi um livro, escrito com o suporte energético recebido das esferas planetárias, e um forte incremento em meu desenvolvimento espiritual.

Passado algum tempo, inesperadamente comecei a me aproximar da Grande Fraternidade Branca e, sem qualquer informação anterior, o conhecimento fluía – ora espontâneo, ora por meio de alguma pessoa subitamente colocada no meu caminho... E assim foi até que passei a me sentir bastante à vontade com o assunto e já começava até a invocar a ajuda dos servidores de cada raio para as mais diversas questões. Tudo fluía normalmente e nunca me ocorreu que o trabalho com a Fraternidade incluía, necessariamente, um trabalho com as cores.

Seguindo-se a isso tudo, tive contato com uma pessoa cujo trabalho extrapolava os Sete Raios da Grande Fraternidade Branca – ela trabalhava com Doze Raios: os Sete Raios Cósmicos e mais Cinco Raios Sutis – e a utilização prática que ela fazia desse conhecimento me impressionou bastante. Passei a prestar muita atenção a tudo o que ela me ensinava e comecei, do meu jeito, a contatar a energia de cada raio, até que um belo dia tive um novo *insight* e fui levada a uma nova experiência com aromas: desta vez, elaborei perfumes específicos para contatar a energia dos Doze Raios, cada qual identificado pela sua cor específica. Visualmente, o efeito encantou-me – doze pequenos vidros perfumados e coloridos – e pensei estar diante de uma experiência puramente estética. Durante quase dois meses eu me comprazia a olhar os pequenos vidros perfumados e coloridos contra a luz, sentindo a vibração que deles emanava e pensando qual seria a função de tudo aquilo. Cheguei até a pensar em montar móbiles com os pequenos vidros e pendurá-los na janela para que a energia colorida se refletisse com a luz do Sol, mas a ideia não foi adiante, pois logo veio a base teórica desse trabalho. Sou imensamente grata por tê-lo recebido e faço questão de compartilhá-lo com os que estiverem lendo este livro.

Antes de mais nada, devemos compreender que existe uma importantíssima correlação entre cores e aromas e, mais ainda, que os aromas podem conduzir-nos aos arquétipos dos Doze Raios Cósmicos, enquanto as cores são capazes de reintegrar-nos a tais energias arquetípicas a partir dos nossos corpos sutis, ou do nosso campo áurico.

Cromoterapia e aromaterapia, em linhas gerais, são dois processos terapêuticos, cada qual se valendo de uma determinada via energética: a cromoterapia vale-se das ondas luminosas, e a aromaterapia, dos aromas e suas partículas odoríferas – ambas integrantes do amplo leque das terapias holísticas.

É sabido que a verdadeira saúde provém de um campo energético equilibrado e que cada um de nós pode usar a própria intuição para restaurar esse equilíbrio, como também é sabido que harmonizando-se o fluxo energético a partir dos chacras físicos e/ou etéricos, pode-se recuperar a saúde e o bem-estar.

Para um melhor entendimento, vou discorrer rapidamente sobre as duas vias de transmissão energética, que são as ondas luminosas e as moléculas de cheiro (destas últimas já falamos em capítulos anteriores, mas vamos repetir a informação para que a sequência de leitura não precise ser interrompida), e também sobre a aura humana, que capta a energia transmitida.

Ondas Luminosas

Aqui nos referimos às cores, pois *cor é luz*, é uma radiação que se propaga através de ondas.

As ondas luminosas qualificam-se quanto à amplitude, comprimento e frequência.

> *Amplitude:* É a altura máxima que uma onda atinge, tomando-se por base o nível médio de suas subidas e descidas. Alturas maiores referem-se a cores claras, e menores, a cores escuras. O topo de uma onda chama-se "crista".
>
> *Comprimento:* É a distância entre duas cristas. Distâncias maiores qualificam as cores quentes, e menores, as cores frias.
>
> *Frequência:* É a velocidade com que as ondas se propagam. Se houver uma grande frequência de cristas altas, teremos uma cor fria; se a frequência maior for de cristas baixas, a cor será quente.

A frequência vibratória das ondas luminosas pode interagir com a nossa, de uma maneira geral ou em determinados pontos, entrando em nosso campo áurico, corrigindo desarmonias e, consequentemente, harmonizando o corpo físico.

As ondas luminosas compõem uma longa faixa com variadas frequências vibratórias, mas apenas o centro dessa faixa pode ser captado pelo olho humano na forma de cores – é a faixa conhecida como "espectro solar".

A incidência da luz na retina nos faz enxergar e, dependendo da frequência vibratória da onda de luz que nela incide, temos a visão das cores. (O aparelho visual humano, até o momento, só dispõe dessa capacidade, mas está apto a desenvolver a visão etérica, que se dará com o desenvolvimento de uma sensibilidade maior do nervo ótico, habilitando-o a enxergar a parte mais sutil do Plano Físico e as demais formas que o compõem, e isso, que fique bem claro, nada tem a ver com clarividência, que é a capacidade visual para enxergar outros planos.)

Pois bem! Existe a faixa de luz que captamos com o olho. Essa faixa de luz – o espectro solar – nada mais é que a sequência de uma vibração que começou muito antes, em uma frequência vibratória muito elevada, que não conseguimos captar com os nossos sentidos comuns, mas que nem por isso deixa de existir.

Essa frequência vibratória elevadíssima chega até nós e interage com uma parte de nós mesmos que também não conseguimos visualizar, pelo menos a maioria das pessoas, que é o corpo etérico.

A prática interativa das cores com o nosso corpo etérico consta em uma infinidade de publicações existentes sobre o assunto, que apontam as melhores cores para o tratamento de determinadas moléstias ou problemas. Há também quem prescreva a utilização de cores a partir de uma leitura da aura – terapeutas especialmente habilitados analisam a aura de seus pacientes e detectam "buracos" energéticos ou outros desequilíbrios, a partir do que determinam qual a frequência vibratória (cor) necessária para reconstituir a aura e devolver a harmonia e saúde à pessoa em tratamento.

Partículas Odoríferas

Partículas odoríferas é do que se constituem os aromas. Elas se desprendem de tudo, portanto, tudo tem um aroma ou cheiro característico.

O aroma, na verdade, são as partículas que se desprendem de tudo. Elas têm uma função específica. Muitos veículos emissores de partículas odoríferas (plantas, flores, ervas...) possuem qualidades terapêuticas específicas que são utilizadas em conjunto com o aroma em si; mas as funções das partículas odoríferas (o aroma desprendido) e do veículo emissor (plantas, flores, ervas...) são bastante distintas e específicas.

Os óleos essenciais são um exemplo.

O óleo extraído de uma determinada erva contém as propriedades da erva e as do aroma da erva, que são as partículas que ela emite. Para obtermos a propriedade terapêutica da erva, necessitamos utilizar a própria erva, ou o óleo essencial puramente extraído da mesma, ou ainda algum outro produto autenticamente elaborado; contudo, se queremos apenas as propriedades do *aroma da erva*, não precisamos utilizá-la diretamente e não importa se a emissão das partículas odoríferas vem da própria erva ou de algo assemelhado.

Estou tocando nesse ponto porque tive aí uma canalização específica. Foi-me explicado que o homem produziu uma tecnologia e precisa utilizá-la em benefício da evolução do planeta como um todo; que se ele já sabe os meios para reproduzir determinadas coisas da natureza, que consagre esse conhecimento à evolução da própria natureza que o ajudou a aprender.

> *"A natureza, por anos e anos, deu milhares de toneladas de seus produtos para que o homem estudasse e aprendesse a elaborar quimicamente as essências. Agora, faça o homem o trabalho alquímico! Agradeça à natureza pela sua doação, abençoe-a e deixe que ela prossiga sua evolução. Se vocês já têm o que precisavam, deixem que ela dê continuidade ao seu processo e inclusive possa mostrar-lhes outras formas de crescimento.*

Vocês aprendem interagindo com os diversos reinos. Uns estão sempre ensinando aos outros, num serviço amoroso, mas quem aprende deve ter sempre a mesma atitude amorosa para com quem ensinou. Assim, deixem de intolerância e aprendam a utilizar suas próprias descobertas." (Lúcio – Unidade Namater de Estudos Intergalácticos)

O olfato é um sentido altamente desenvolvido, anterior ao pensamento, e há muito, mas muito tempo, foi de fundamental importância para o homem, pois era um dos elementos que lhe fazia encontrar e identificar seu alimento, pressentir o perigo... Até a parceria sexual era escolhida pelo cheiro.

O olfato funciona assim: as partículas de cheiro entram pelo nariz, atingem as células olfativas, na região da pituitária, onde são identificadas e depois devolvidas à nossa consciência na forma de lembrança do que as produziu.

Se partículas odoríferas forem emitidas por uma rosa natural ou por algum produto quimicamente elaborado para emitir partículas semelhantes às da rosa, desde que bem elaborado, tão logo atinjam o cérebro, imediatamente nos farão lembrar da rosa.

Os cheiros nos evocam lembranças de uma forma objetiva e não apenas figurada e poeticamente, e o nosso paladar, como já vimos, funciona a partir dos cheiros, sendo as nuanças de sabor definidas pelo olfato – uma batata e uma maçã, que são captadas por uma mesma região palatal da língua, sem o olfato nos parecerão idênticas. (Experimente!)

As partículas de cheiro caminham para o cérebro numa velocidade muito maior que os impulsos visuais ou auditivos.

Concluindo: se as partículas de cheiro vão nos trazer a lembrança do que as emitiu, então, é claro que no nosso cérebro temos um grande arquivo de cheiros. Todas as partículas odoríferas a que já estivemos expostos foram devidamente conduzidas ao nosso cérebro, via respiração, e lá foram catalogadas e registradas, permitindo-nos, agora, acessá-las com os cheiros correspondentes.

CAMPO ÁURICO

O campo áurico é o nosso corpo luminoso que irradia todas as cores do espectro solar em várias camadas sobrepostas e interpenetrantes, das quais a primeira e a mais próxima ao Corpo Físico é o Corpo Etérico. Nele se localizam os chacras, por onde flui a energia, o prana, que nos alimenta energeticamente. Os chacras movimentam-se incessantemente e de forma rotativa, captando e processando a energia, o que iremos analisar mais detidamente nos próximos capítulos.

Uma determinada frequência vibratória, atuando diretamente em um chacra, altera o tipo de energia que ele "manda" para o corpo físico. Assim, se identificarmos um problema, a frequência vibratória necessária para corrigi-lo e o chacra que poderá metabolizá-la, poderemos restituir a estabilidade da saúde, seja ela física ou emocional.

TRABALHO INTEGRADO

Agora, vamos juntar tudo: aromas, cores e o nosso campo energético.

Se temos um campo energético debilitado e sabemos qual a frequência vibratória necessária para reconstituí-lo, seremos mais eficazes se trabalharmos com um processo que facilite a absorção da energia, e esse processo, que é uma "via de mão dupla", nós traçamos utilizando as cores e os aromas. Veja por quê:

- A cor atua de fora para dentro, levando a vibração energética do exterior para o interior do corpo, via Corpo Etérico.

- O aroma atua de dentro para fora, fazendo despertar a energia no interior do corpo, diretamente no cérebro, de onde ela se exteriorizará, interagindo harmonicamente com a vibração da cor, acelerando a sintonia com a frequência que se deseja alcançar.

- Ao acessarmos um arquétipo energético (com o aroma) e ao alimentá-lo com a frequência vibratória correspondente (com a cor), nós permitimos que ele se vivifique dentro de nós e nos revigore a partir das suas características energéticas particulares, dando uma nova luminosidade e vibração ao nosso campo energético, que é o sustentáculo do nosso corpo físico.

A Hierarquia dos Doze Raios

Agora que sabemos que as cores interagem com o nosso campo áurico e que os aromas evocam lembranças, tornando-as vivas dentro de nós, vamos utilizar esses elementos em conjunto para harmonizar nossas vibrações energéticas, independentemente de distúrbios de qualquer natureza, mas simplesmente para nos conectarmos com o nosso Eu Superior, retomando o contato que tivemos com a Fonte Maior de Energia, à qual já estivemos expostos e que, portanto, trouxemos conosco em nosso átomo permanente.

Como toda essa informação chegou-me ou foi-me facilitada a partir da sintonia com os servidores da Fraternidade Branca, parece-me inevitável que extrairemos maiores benefícios se trabalharmos sob os auspícios das hierarquias dos Doze Raios, as quais relacionarei a seguir.

1º Raio – Azul – Vontade

Vontade, fé, poder, proteção, decisão, intuição, unidade, discernimento, percepção, vitória, determinação, direção, confiança, destemor, iniciativa.

> *É com o azul que fortalecemos a nossa vontade, que nos determinamos a seguir adiante, a encarar a vida de frente, a vencer com segurança os obstáculos que se interpõem no nosso caminho... A nossa força é a nossa proteção!*

Diretores: Mestre El Morya e Lady Miriam
Arcanjos: Miguel e Santa Fé
Elohins: Hércules e Amazon
Signo: Leão
Essências: Âmbar, olíbano e absinto

2º Raio – Amarelo – Iluminação

Entendimento, conhecimento, sabedoria, iluminação, compreensão, constância, percepção, paz, discernimento, equilíbrio mental, visão da totalidade, idealismo, clarividência, concepção das coisas de maneira divina.

> *É com o amarelo, que numa esfera superior é o dourado, que iluminamos a nossa mente, que colocamos luz nos cantos mais escuros e conseguimos enxergar as verdades que estão à nossa volta o tempo todo. É com a luz da sabedoria que ampliamos a nossa consciência crística, estimulamos o nosso crescimento espiritual e captamos sabiamente cada detalhe para, sobre ele, discernir sabiamente.*

Diretores: Mestre Lanto
Arcanjos: Jofiel e Constância
Elohins: Cassiopeia e Minerva
Signo: Câncer
Essências: Heliotrópio, sândalo, incenso e alecrim

3º Raio – Rosa – Amor

Amor, harmonia, adoração, beleza, tolerância, tato, compreensão, diplomacia, abundância, humanitarismo, reverência por todas as formas de vida, equilíbrio emocional.

> *É com amor que se constrói qualquer coisa. O amor une harmonicamente cada elemento da criação divina; é ele que dá o sentido de unicidade a tudo; é ele que dá sentido à vida... Poder e sabedoria completam-se com o amor. É a Santíssima Trindade de cada um. Tudo tem que passar pelo coração e banhar-se no amor. O medo, a discórdia, a miséria... Tudo se rende ao amor!*

Diretores: Mestra Rowena
Arcanjos: Chamuel e Caridade
Elohins: Angélica e Orion
Signo: Gêmeos
Essências: Bergamota, jasmim e néroli

4º Raio – Branco Cristalino – Pureza

Pureza, esperança, ascensão, ressurreição, conceito imaculado, restauração, investidura, tomada de posse das dádivas dos reinos divinos, autoridade de atuação.

É desse branco cristalino que surge a ressurreição e a vida de tudo de perfeito em nossas vidas. Esse branco restaura-nos a pureza, devolve-nos a esperança, libera a nossa energia e nos investe do poder de que necessitamos para assumir com firmeza o papel que nos cabe nesta vida. É só com a pureza na mente, no coração e no corpo (pensamentos puros, sentimentos puros, ações puras) que conquistamos o que é nosso por direito!

Diretores: Mestre Serapis Bey e Ísis
Arcanjos: Gabriel e Esperança
Elohins: Claire e Astrea
Signo: Touro
Essências: Alfazema, almíscar e rosa

5º Raio – Verde – Verdade

Verdade iluminada, cura, consagração, ciência, dedicação, visão interna, posse das qualidades divinas na Terra, certeza, confiança, independência consciente, serena força de vontade.

Verde é a natureza, é a vida, e a natureza e a vida são as nossas verdades mais concretas no Plano Evolutivo atual. O estudo dessas verdades sempre pertenceu aos homens das ciências, que são aqueles que buscam a verdade e que trazem a cura aos males que afligem a humanidade. A verdadeira cura, no plano individual, também chega através da verdade. Enquanto não soubermos os "porquês" ocultos em cada um dos nossos atos, não poderemos nos curar; precisaremos descobrir a nossa própria natureza... Parece jogo de palavras, mas é assim que o verde se manifesta: curando pela purificação obtida com a luz da verdade.

Diretores: Mestre Hilarion e Palas Athena
Arcanjos: Rafael e Regina (Mãe Maria)
Elohins: Cristal e Vista
Signo: Áries
Essências: Bálsamo, eucalipto e alfazema

6º Raio – Rubi-dourado – Graça

Paz, devoção, graça, cura, sagrado mistério, prestação de serviços, serviço desinteressado, exaltação, bem-aventurança de Deus, continuidade do propósito divino, intuição emocional.

Aqui, a cura se dá através da fé. Aqueles que só têm gratidão pela vida, sem precisar saber de onde ela veio e para onde vai, aqueles que se alinham com o propósito divino e só fazem vibrar a paz, a devoção, a bem-aventurança, a disponibilidade para ajudar – a esses, a cura é o caminho natural. Esse raio era regido pelo Mestre Jesus, a quem foi dado "curar os males do mundo".

Diretores: Mestra Nada
Arcanjos: Uriel e Donna Graça
Elohins: Tranquilitas e Pacífica
Signo: Peixes
Essências: Incenso, âmbar e sândalo

7º Raio – Violeta – Libertação

Misericórdia, perdão, purificação, transmutação, libertação, cerimonial, invocação, compaixão, poder, justiça e liberdade divinas, transformação, aceleração, avanço, progresso, harmonia, transformação alquímica.

Com o violeta transmuta-se tudo. Onde quer que haja desarmonia, a luz violeta deve ser invocada ou simplesmente visualizada. De ação rápida, o fogo violeta tem o poder de envolver qualquer situação, pensamento, manifestação... e transmutar a vibração energética para que a requalifiquemos.

Diretores: Mestre Saint-Germain e Pórtia
Arcanjos: Ezequiel e Ametista
Elohins: Arcturos e Diana
Signo: Aquário
Essências: Heliotrópio e âmbar

8º Raio – Turquesa – Claridade

Clareza, vivificação, percepção, discernimento, lucidez, dignidade, cortesia, sabedoria equilibrada, sábia criatividade, talento, inspiração, misericórdia, compreensão transcendental, tranquilidade, imparcialidade, confiança em si e na consciência crística.

Diretores: Mestre Solar Kenich Ahan
Arcanjos: Aquariel e Claridade
Elohins: Príncipa e Princípio
Signo: Capricórnio
Essências: Bálsamo e rosa

9º Raio – Magenta – Harmonia

Eixo, equilíbrio, solidez, segurança, entusiasmo, estímulo, restauração.

Diretores: Senhora Magnus e Polaris
Arcanjos: Anthriel e Harmonia
Elohins: Energia e Matéria
Signo: Sagitário
Essências: Mirra, cedro e acácia

10º Raio – Dourado-solar – Prosperidade

Paz, conforto, pureza, coragem, calma interior, opulência, abundância, prosperidade, suprimento divino de todas as coisas boas, realização, mestria, quintessência.

Diretores: Deusa Alexa e Deus Ouro
Arcanjos: Valeoel e Paz
Elohins: Luz e Esplendor
Signo: Escorpião
Essências: Acéria e rosa

11º Raio – Pêssego – Alegria

Entusiasmo, alegria, eternidade, cumprimento, serviço desinteressado, amor pela vida livre, felicidade, vitória, emancipação, fluidez da luz, êxtase, renascimento para a luz em total consagração à consciência solar.

Diretores: Mestre El Morya e Míriam
Arcanjos: Perpetiel e Alegria
Elohins: Átomo e Átma, Elétron e Elétra
Signo: Libra
Essências: Menta, absinto, bergamota e cravo

12º Raio – Opalino – Transformação

Transformação, complementação, renascimento, rejuvenescimento, segurança, confiança no próprio poder em atuação; total abrangência de tudo sobre todos.

Diretores: Lorde Gautama e a Bem Amada Consciência Divina
Arcanjos: Omniel e Opalescência
Elohins: Célula/Celularium, Molécula/Moléculum
Signo: Virgem
Essências: Canela, acácia, bergamota e cânfora

Observação

A relação das essências de cada raio não obedece necessariamente a qualquer tabela de correspondência aromática tradicionalmente conhecida e tampouco procurei estudar e verificar se as essências indicadas estão "tradicionalmente corretas" ou não – limitei-me a seguir fielmente as orientações que me foram transmitidas e lutei bravamente para que o meu lado racional, tão fortemente instalado, não interferisse no processo.

Como Preparar seus Aromas Coloridos

Para preparar seus aromas coloridos, você deverá diluir pequenas quantidades das essências indicadas em álcool de cereais, que é a base tradicionalmente utilizada para a fabricação de perfumes, e adicionar-lhes o corante específico para álcool na cor correspondente. Existem diversas lojas que comercializam artigos para perfumaria, nas quais se podem encontrar facilmente tanto as essências quanto o álcool, os corantes e os frascos de vidro transparente para acondicionar os seus pequenos tesouros. Escolha frascos pequenos, pois são melhores para manusear.

As quantidades das essências a serem misturadas e o buquê final ficam por conta da sua intuição, pois foi assim que aconteceu comigo: eu ia adicionando as essências, gota a gota, em uma pequena quantidade de álcool e ia sentindo o aroma que resultava, até que algo me dizia que o aroma daquele raio estava pronto – aí, era só colocar o corante e encerrar aquele processo.

Quando for preparar seus aromas coloridos, esteja particularmente atento a todo e qualquer pensamento que lhe passe pela cabeça e não rotule nenhum como tolice, pois podem ser indicações importantes. Libere seu contato com a Fonte Maior de Energia e canalize as orientações e a proporção em que cada essência entrará na constituição dos seus aromas coloridos.

Não há necessidade de colocar fixador em seus aromas, pois o objetivo não é utilizá-los como um perfume. Você notará que alguns aromas se fixarão naturalmente, dependendo da sua necessidade de permanecer mais ou menos tempo com eles.

Em geral, as cores são:

Azul: relaxante, aconselhável para indisposições encefálicas. Estimula o chacra laríngeo.

Amarelo: vitalizante do plexo solar e aconselhável para problemas com fígado, rins e pâncreas, estimula o intelecto e traz organização mental.

Rosa: estimula o amor próprio e incondicional, bem como o chacra cardíaco.

Branco: pureza, limpeza mental.

Verde: limpeza áurica, tranquilizante, induz à verdade e é aconselhável para problemas pulmonares e do coração.

Vermelho: energizante e revitalizante. Vitaliza o chacra básico. Aplicado nas plantas dos pés, ajuda a captar mais energia da Terra.

Violeta: cura, meditação, percepção, aconselhável para dor de cabeça. Utilize-o nos chacras frontal e coronário para elevar sua frequência vibratória.

Turquesa: proporciona clareza de visão, facilidade de comunicação.

Magenta: traz eixo e equilíbrio, ajuda a reduzir a ansiedade. Aplicado nas plantas dos pés, ajuda a equilibrar o nosso fluxo energético na Terra, a ancorar a nossa energia equilibradamente.

Laranja: energizante, aconselhável para o restabelecimento de choques emocionais. Ativa as funções do chacra esplênico.

Como Escolher um Aroma Colorido

Se você elaborou a sua série de doze aromas coloridos com as indicações anteriormente apresentadas, está na hora de aprender a utilizá-los. Para fazê-lo, nada melhor que se valer do princípio da sincronicidade, e a perfeita sincronia pode ser obtida a partir de três dos nossos sentidos: do tato, da visão ou do olfato.

Sincronia pelo tato

Aqui, estaremos nos valendo da percepção táctil apurada de que dispomos nas pontas dos dedos. Coloque os doze vidrinhos de aromas coloridos em uma bolsa de tecido, ponha uma das mãos dentro dela e procure senti-los sem visualizá-los – apenas deixe a vibração de cada frasco sensibilizar-lhe pelo toque. Quando encontrar um frasco cujo contato lhe agrade, retire-o da bolsinha e utilize-o.

Sincronia pelo olfato

Neste caso, faça a escolha a partir do cheiro. Vá abrindo cada frasco e sentindo o aroma. Desenvolva esse processo com calma e muita tranquilidade, deixe que se estabeleça uma comunicação entre você e o aroma e procure detectar concretamente que tipo de lembrança ele lhe traz. Esse processo é, talvez, o mais delicado, pois a escolha em si já estará fazendo com que uma parte poderosa do produto atue sobre você; então, o ideal é que, para escolher pelo processo olfativo, você disponha de bastante tempo, pois assim não irá bloquear a reação de determinado aroma por falta de tempo.

Sincronia pela visão

Disponha os seus vidrinhos coloridos em algum lugar onde haja bastante claridade – luz natural, de preferência – de forma que você possa apreciar o brilho das cores, a transparência, os reflexos... Enfim, onde você possa sentir a beleza contida nos pequenos frascos! Pela manhã, detenha-se por alguns instantes a observar seus vidrinhos e, dependendo do seu humor, escolha um para acompanhá-lo durante o dia. Esse processo de escolha é bastante agradável e estimula a meditação, podendo acontecer de você satisfazer-se só com a observação dos frascos e com a energia que as cores lhe transmitiram.

Pronto! Você já sabe as três formas básicas para escolher seus aromas coloridos. Existem outras que se baseiam em dados mais concretos. Por exemplo, você poderá trabalhar especificamente com as cores dos chacras, como também poderá escolhê-las por meio da radiestesia, mas essas modalidades fazem parte de uma busca individual. As formas de escolha são muito variadas e permitem que você "brinque" com a sua intuição.

Como Usar

Definida a forma de escolha do seu aroma colorido, sugiro uma prática diária de proteção e canalização de energia.

Para proteção

Pela manhã, escolha um aroma colorido para harmonizar o seu dia.

Coloque algumas gotas na palma de uma das mãos, esfregue-a contra a outra e circunde o corpo todo, sem tocá-lo, a uma distância de 10 a 15 centímetros.

Com a mão esquerda, contorne o seu lado direito, saindo do alto da cabeça, contornando o braço, o tronco e a perna, voltando com a mão pela frente do corpo, passando pela linha dos chacras e finalizando no alto da cabeça.
Com a mão direita, faça o mesmo processo pelo outro lado do corpo.
Com as duas mãos no alto da cabeça, desça-as por trás da cabeça e deixe-as paradas alguns segundos sobre os ombros, mandando energia para suas costas.

Dessa forma, você se envolveu totalmente na energia do aroma escolhido e estabeleceu a sua aura de proteção.

Depois disso, estabeleça sua conexão com o alto, abrindo o seu canal para a descida de uma energia de sustentação. Você tanto poderá fazer todo o processo com um único aroma colorido, como poderá escolher dois: um de proteção e outro de conexão.

Para conexão

Aplique o aroma nos pulsos e firme-os por alguns instantes em frente aos chacras cardíaco, laríngeo e frontal.

Eleve as mãos ao coronário, mantendo-as em prece e voltadas para cima, pois assim seus pulsos ficarão voltados para o centro desse chacra.

Solte as mãos e suba-as, paralelas, acima da cabeça, abrindo-se para o Universo. Sinta que se forma um canal entre as suas mãos e permaneça nessa posição por alguns instantes, percebendo o fluxo da energia que desce para você.

Em seguida, desça as mãos junto ao corpo e em direção à Terra, ancorando a energia recebida.

Essa prática, feita com tranquilidade e concentração, é um verdadeiro ritual de canalização energética. E se você invocar a hierarquia do raio cósmico correspondente ao aroma utilizado, a intensidade da energia poderá fluir de uma forma indescritivelmente bela e forte – a vibração energética se fará sentir por todo o corpo, não restando qualquer dúvida de que a energia ancorou junto a nós.

Limpeza de aura

Use o raio verde diariamente, de preferência no fim do dia, para limpeza da aura. Coloque uma gota do aroma na palma de uma das mãos, esfregue-a contra a outra e espalhe-o em torno do corpo, sem tocá-lo, conforme orientado anteriormente. Faça-o com calma, sentindo a sua própria energia e sentindo onde você precisa deter-se um pouco mais. Deixe suas mãos se moverem livremente, permita-se um contato mais próximo com a sua própria energia. Estreite cada vez mais esse contato até conseguir identificar com facilidade quando existe energia que não é sua atuando na sua aura.

Perdão

Use o Raio Violeta para trabalhar com o perdão e com a transmutação de energias que ligam você ao passado e a determinadas situações e/ou pessoas. O raio violeta é poderoso para essa finalidade.

Antes de mais nada, encontre o seu eixo, equilibre-se e procure conectar o seu Eu Superior, a sua tão sagrada Presença Eu Sou. Concentre-se em você.

Esse processo de conexão com o seu Eu Superior pode ser feito com o aroma do quarto raio, o branco cristalino. Aplique-o nos pulsos ou nas pontas dos dedos médio e indicador da mão direita, e firme-os em frente ao seu chacra frontal. Sinta o aroma penetrar. Ele proporciona uma sensação ligeiramente refrescante. Se quiser, pode aplicar diretamente no chacra frontal físico. Desfrute desse contato por alguns instantes.

Feito isso, envolva sua aura com o aroma do raio violeta, peça auxílio à hoste desse raio e mentalize a chama violeta penetrando na situação que você quer transmutar.

Procure visualizar todos os elementos da situação e adote uma postura de compreensão para com o seu modo de enxergá-la até aquele momento; perceba que, sob um outro ponto de vista, a situação pode ser perfeitamente outra, e então tenha consciência de que você se prende àquela situação por uma simples questão de perspectiva, pois nada é definitivo e todos os erros podem ser corrigidos... Enfim, perceba que não tem por que pensar em carma e em carregar o peso de um erro por uma vida inteira, ou mesmo por várias vidas inteiras. Tome consciência de quão efêmeras são as situações e de quão pesado é o fardo que se carrega quando se quer levar uma situação pela vida afora... Vá se envolvendo nesse pensamento e sentindo como você pode ficar mais leve se for jogando fora o peso das culpas que carrega por não saber perdoar os próprios erros!

Esse processo, a princípio, é totalmente mental; mas à medida que se vai entrando na sintonia do perdão, o trabalho passa a ser feito com o coração, proporcionando uma grande sensação de alívio e de leveza na alma.

Perdoe seus erros, de coração, e também, de coração, agradeça a todas as pessoas envolvidas na situação pelo tempo que elas permaneceram presas ao seu processo. Quando se faz do perdão e do agradecimento um ato sagrado, sentindo-os na totalidade do ser, a libertação acontece para todos os envolvidos.

O tempo todo visualize a chama violeta. Deixe que ela penetre em você e em todos os elementos da situação, dissolvendo todo o erro e deixando no lugar uma energia pura e limpa, como uma matéria-

-prima reciclada, pronta para ser reutilizada. Após esse processo, requalifique aquela energia transmutada com alguma outra – a do amor, por exemplo.

Aplique o aroma do Raio Rosa no chacra cardíaco e deixe-o expandir por todo o seu corpo e para além dele!

A requalificação também pode ser feita com os aromas correspondentes à poderosa chama trina, que são o azul, o rosa e o dourado (no caso, amarelo).

Aplique o rosa no cardíaco, o azul no laríngeo e o amarelo no coronário. Imagine que o azul e o rosa se fundem em um violeta intenso e que o amarelo se transforma em dourado, descendo como um manto a cobrir todo o seu corpo, protegendo-o. Recite três vezes:

> Chama Trina, Chama Trina, Chama Trina
> Chamejai, Chamejai, Chamejai
> Inunde o Meu Coração e todo o Meu Ser
> com o Mais Puro Amor,
> a Mais Pura Vontade
> e a Mais Pura Sabedoria.

Tubo de luz de proteção astral

A cada manhã, podemos envolver-nos em um tubo de luz branca ou azul que nos protegerá de baixas vibrações, com o auxílio de um desses dois aromas. Para tanto, coloque o aroma nas palmas das mãos, esfregue-as uma contra a outra e mantenha-as paralelas, um pouco acima da sua cabeça e a uma distância que compreenda a largura do seu corpo, de forma que ao descer as mãos não haja contato com o corpo.

Assim posicionadas as mãos, sinta a energia fluindo entre elas.

Procure visualizar a cor do raio que você está utilizando e mentalize-o saindo de suas mãos e formando um tubo de luz em volta do seu corpo. Mas imagine-se realmente dentro de um tubo que vai dos pés à cabeça, totalmente refratário a qualquer frequência vibratória negativa. Erga esse tubo um pouco acima da sua cabeça, mas não o feche, pois é pelo alto que você continuará estabelecendo contato com as vibrações elevadas que, como o próprio nome diz, vêm do alto. Também não feche o tubo na parte inferior, pois é importante continuar captando a energia da Terra.

Um tubo assim construído isola de negatividades. Ele não permite que baixas frequências vibratórias atravessem suas paredes e, dessa forma, as baixas vibrações do exterior não nos atingirão; contudo, antes de nos colocarmos um tubo de luz, estejamos muito atentos à qualidade das nossas próprias vibrações, pois se as baixas vibrações do exterior não atravessam suas paredes para nos atingir, aquelas que nós próprios produzirmos no interior do tubo também não ultrapassarão as suas paredes e ficarão ali conosco, dentro do tubo, a nos envenenar. Portanto, é importante estarmos fortemente envolvidos com um trabalho de autoconhecimento, de autopercepção e de lembrança de nós mesmos, pois só assim poderemos flagrar as situações comprometedoras da nossa estabilidade energética provocadas por nós.

Outra coisa a destacar é o perigo de tentarmos "proteger" uma pessoa querida colocando-a num tubo de luz de proteção. O risco dessa prática é terrível, pois se a fizermos sem o conhecimento ou o consentimento da pessoa, ela não estará ciente da necessidade de cuidar de suas próprias vibrações, e assim poderemos estar provocando um grande desequilíbrio em quem queríamos ajudar.

Outras aplicações

Você também pode escolher um aroma colorido para colocar a energia necessária à condução de algum assunto em particular.

> Se precisar tomar alguma decisão, por exemplo, coloque uma gota do aroma escolhido nos pulsos e firme-os por alguns instantes em frente aos chacras laríngeo e frontal; ou se o assunto tiver alguma tônica emocional, firme os pulsos com uma gota do aroma em frente ao seu chacra cardíaco.
>
> Para se recuperar de um desgaste energético, você pode usar o aroma escolhido diretamente no chacra esplênico ou no plexo solar. Não aconselho energizar diretamente o chacra básico. (Para absorver e fazer fluir mais fartamente

a energia, tenho sido bem-sucedida aplicando um aroma no meio das solas dos pés.)

Para algumas pequenas dores localizadas, como a tão comum dor nas costas, a tensão na nuca ou ainda uma indisposição estomacal sem causa aparente, pode-se escolher um aroma e utilizá-lo fisicamente, pois certamente ele será o harmonizador do corpo etérico que ajudará na solução do problema.

CONCLUINDO O TRABALHO COM OS AROMAS COLORIDOS

Harmonize-se com os seus aromas coloridos, faça deles o seu oráculo pessoal da saúde, da harmonia, da fartura e da abundância em todos os sentidos, bem como o seu instrumento de conexão com as esferas superiores.

Utilize-os para meditar, para buscar a ajuda da Hierarquia Celeste... Sinta-se à vontade para apreciá-los – aspire o perfume de cada um, sinta qual é o que mais lhe agrada, sintonize-se com as cores, com a cor do aroma escolhido; ou então proceda de maneira inversa: escolha primeiro uma cor e depois se harmonize com o aroma... Brinque e invente formas de usar seus aromas coloridos, mas sempre procure entender, dentro de você, por que preferiu um e não outro...

O trabalho com o autoconhecimento é fundamental no atual processo evolutivo ascensional que estamos vivendo, e ninguém melhor que você mesmo poderá chegar até ao fundo do seu próprio coração e ver o que é preciso para ser feliz. Perca o medo. Aprofunde-se. Peça a companhia de um Arcanjo e vá com toda a proteção divina. Leve uma legião de anjos com você... e não tema! Entre em seu próprio coração e ame-se acima de tudo.

Só quando esse amor fluir puro e espontâneo é que você poderá tratar-se com o merecido carinho e enxergar-se sem ressentimentos, amando-se, perdoando-se, permitindo-se errar, corrigindo-se e, principalmente, crescendo na escala evolutiva, alcançando a si mesmo e conectando-se com a Fonte do Puro Amor.

Foi com amor que me deixei orientar e é com amor que estou inserindo este capítulo neste livro, o qual finalizo com um decreto que repito a cada manhã, desde que o recebi:

*Eu invoco o Manto Divino de Proteção
para envolver-me hoje,
durante todo o dia e para todo o sempre.*

*Que ele me proteja de toda e qualquer vibração
negativa, nociva ou nefasta;
que ele impeça que qualquer outra vibração
se aloje na minha aura e se sobreponha
a ponto de ficar mais visível que
a minha própria essência.*

*Que sob o Manto Divino de Proteção
eu possa trabalhar livremente pelo Amor,
sem medo de fragilizar-me diante do mundo
e sem medo de perdas de qualquer natureza.*

*Conectada com a minha Divina Presença
e envolvida pelo Manto Divino de Proteção
eu me comprometo a atuar
em nome do Amor e da Luz.
Assim Seja!*

Capítulo VIII

Preparando-se para o Prazer

Para ser bem-sucedida, a utilização dos aromas, seja mágica ou terapeuticamente, vai sempre requerer um ritual. Não se trata de elaboradas cerimônias como normalmente se imagina quando se fala em ritual, mas de um rito muito pessoal que o prepara para interagir com um elemento de natureza mais sutil, mais complexa e refinada.

É claro que nossos sentidos comuns nos habilitam a interagir normalmente com os odores e perfumes em geral. Todos os cheiros, qualquer que seja a procedência, sempre implicam uma complicada combinação química. Os cheiros, como já vimos, são partículas materiais, se bem que extremamente sutis, que se desprendem de tudo e entram literalmente em nosso corpo, o qual tem mecanismos próprios para, digamos assim, "mastigá-los", "engoli-los" e "digeri-los", da mesma forma que mastigamos, engolimos e digerimos todo alimento que entra pela nossa boca.

No caso da comida, nós, voluntariamente, decidimos se queremos levá-la à boca, se queremos mastigá-la e se queremos engoli-la – é só a partir daí que o processo interno e involuntário entra em ação. Mas no caso dos cheiros, a coisa é um pouquinho diferente, pois as partículas químicas dos cheiros misturam-se ao ar que respiramos e entram em nosso corpo sem que possamos impedir. Observe o seguinte: você pega uma maçã, aprecia a sua forma, apalpa-a para ver se está macia, enfim, você tem condições de decidir se quer que ela entre em seu organismo. Entretanto, enquanto decide se a maçã vai ou não para a boca, o cheiro dela já foi para o seu nariz e entrou no seu organismo sem que você pudesse interferir. É sempre assim: quase nunca podemos impedir que um cheiro penetre em nosso organismo, pois se chegamos a senti-lo é porque suas partículas chegaram até o nosso nariz e, assim sendo, por mais que o tapemos, pouco adiantará, pois já terão entrado.

Com isso tudo queremos dizer que temos um controle muito reduzido sobre a atuação dos cheiros em nós, o que vale dizer que para interagirmos mais conscientemente com os aromas e cheiros, em geral precisamos sutilizar o nosso campo vibracional de forma a nos posicionar em uma frequência mais próxima à deles, facilitando, por assim dizer, a comunicação com os mesmos.

Veja bem: com a comida é fácil ter uma interação consciente, pois ela é da mesma densidade que o nosso corpo físico, e com essa densidade nós estamos bem acostumados. Mas quando falamos de cheiros, de partículas químicas, isso ainda não faz parte do nosso dia a dia e, portanto, repetimos: precisamos nos elevar a uma vibração parecida à deles (dos cheiros e aromas) para que tenhamos mais consciência do processo e possamos compreender-lhes a linguagem, podendo melhor usufruir do que eles têm a nos oferecer.

E como elevar a nossa vibração? Como educar os nossos sentidos para terem uma maior percepção dos aromas? Isso é conseguido através da *respiração*, que determina a forma como as partículas de cheiro entram em nosso organismo; do *relaxamento*, que suaviza todas as funções orgânicas e deixa que a nossa mente tome contato com o que se passa lá dentro da gente; e da *visualização*, que a princípio é um processo induzido, mas que com a prática acaba sendo espontânea e constitui uma forma eficiente de captarmos as mensagens contidas nos aromas.

Respiração

Cada pessoa é um mundo e cada indivíduo tem o seu próprio sistema de respiração desenvolvido em função de certos costumes adquiridos, geralmente de forma inconsciente. Se você quer aproveitar de verdade essa fonte de riqueza caracterizada pelo simples fato de inalar ou exalar o ar e todos os seus aromas, é necessário aprender de novo a respirar.

Há quem capte e solte o ar sempre pelo nariz, há quem o faça sempre pela boca e, evidentemente, há também quem combine ambas as possibilidades. A quantidade de ar inspirado e o ritmo com que é feito também varia de pessoa para pessoa.

A respiração involuntária e inconsciente, a que permite manter a oxigenação continua do sangue, é um processo difícil de se controlar, especialmente quanto à duração e intensidade. Já a respiração concretamente exercitada permite-nos um maior controle e consciência do processo. Antes de mais nada, habitue-se a tomar o ar pelo nariz, permitindo que chegue quente aos pulmões, e a soltá-lo pela boca.

A entrada do ar deverá ser consciente, harmônica e pausada, permitindo a sua gradativa filtragem. Deve-se procurar sentir desde a sua entrada e posterior chegada não só aos pulmões como também ao estômago.

Uma vez no interior do corpo, é preciso ter um controle sobre a permanência do ar e sua posterior saída. Para tanto, o melhor é fazer uma respiração compassada.

Existem vários métodos de respiração compassada, sendo a "respiração quaternária", também indicada pela série "4-4-4-4", o mais comum. Os números indicam a frequência da passagem do ar pelos pulmões e o ritmo que se deve seguir na respiração: toma-se o ar contando até quatro, retém-se o ar contando até quatro, solta-se o ar contando até quatro e fica-se sem ar contando até quatro.

Essa série é básica, mas há muitas variações e, em todas, o importante é manter um ritmo. Cada pessoa, em função de suas necessidades e sempre mantendo um ritmo, poderá variar os tempos da inspiração, da retenção, da expiração do ar e da pausa, sem ele, buscando, sempre que possível, que a retenção e a pausa sejam superiores aos outros dois movimentos.

É importante destacar que uma fração de tempo inferior à indicada na série básica não ajudará muito no relaxamento do corpo, sendo pois recomendável que, em função das possibilidades de cada um, os tempos sejam aumentados, se possível chegando-se ao dobro. Também, como sugestão, é aconselhável que a respiração seja feita mantendo-se um estado de tranquilidade, sem tensões nem intensidades além das que se consiga suportar, pois isso só dificultará uma respiração correta.

Recomendamos que se façam práticas respiratórias diárias, seguindo a série indicada e alterando-a até encontrar a sua própria série.

O lugar para realizar essa prática deve ser tranquilo, com iluminação natural, naturalmente arejado, e a posição pode ser: deitado na cama, sentado confortavelmente em uma poltrona ou sentado no chão em posição de "lótus". A posição deve ser confortável, de modo a permitir que você se mantenha nela durante algum tempo e não exerça qualquer pressão no estômago.

A princípio, procure respirar apenas tomando consciência do processo e dominando mentalmente a contagem do seu ritmo, de forma que ele se torne automático. Depois disso, quando tiver "aprendido" a respirar, faça dessa prática a introdução para um relaxamento mais profundo, deixando-se levar simplesmente pelo fluxo do ar em você.

Relaxamento

O próprio "deixar-se levar" pela respiração já coloca você em um estado naturalmente relaxado, mas há outras formas mais apropriadas para a prática do relaxamento. Como sempre, existem diversas técnicas e sistemas, mas o mais recomendável é que cada pessoa crie o seu e, para tanto, é preciso antes saber algumas coisas sobre o assunto. É conveniente saber que relaxar não é exatamente chegar a um estado nirvânico de consciência, mesmo sabendo que, em relaxamento, o cérebro fica mais desperto e receptivo para captar sensações mais sutis, completamente estranhas enquanto não se está habituado a esse padrão vibracional.

Relaxamento nada mais é que desintumescer o corpo físico, liberando-o de cargas e pressões, e o nosso psiquismo, aliviando o cérebro de tensões e preocupações. Em suma, relaxar é deixar-se levar e manter-se consciente de si mesmo, integrando-se em um todo mental e emocional capaz de unificar todos os seus corpos e o seu Eu Superior.

Dentre os sistemas de autorrelaxamento existentes, destacaremos o natural, comandado por ordens mentais da própria pessoa, e o indutivo, entendendo-se como tal aquele que pode ocorrer motivado por uma música suave, por um determinado som, um ruído, uma cor, um aroma ou uma situação. Cuidado, porém, pois os estados induzidos podem provocar letargia e adormecimento inconsciente que, em vez de aproximar a pessoa de si mesma de forma consciente, fazem-na evadir-se por completo. Portanto, se for induzir o relaxamento, evite fazê-lo deitado.

Independentemente disso, todos os componentes citados são ideais para uma sessão de relaxamento e é você quem deverá conduzir o processo e cuidar para manter a consciência e a concentração.

O processo de relaxamento natural, como já dissemos e sobre o qual centraremos nossas explicações, é aquele que se produz no interior da pessoa, com as diferentes ordens que seu cérebro conscientemente emite. Nesse aspecto, encontramos dois sistemas: *rápido* e *fracionado*. O rápido é especialmente indicado para pessoas tranquilas e naturalmente com poucas tensões – pessoas que estão sempre "de bem" com a vida – e o fracionado é ideal para pessoas mais impulsivas e que têm dificuldade de autocontrole.

As preliminares para qualquer um dos métodos são sempre estas: escolher um local adequado, acomodar-se convenientemente, da mesma forma que indicamos para a prática da respiração, e iniciar com uma curta sequência de quatro a oito respirações completas e conscientes. Se você tiver uma boa capacidade de concentração e autocontrole, pode permanecer de olhos fechados; do contrário, recomendamos relaxar de olhos abertos.

No sistema rápido, após a respiração, procure fracionar o corpo em segmentos ou zonas abrangentes, tais como pernas, tronco, braços e cabeça, e dê ordens mentais de relaxamento a cada uma delas. Feito isso, a próxima etapa será uma visualização e posterior retorno ao estado normal. Para seu conhecimento, detalhamos essa segmentação abrangente.

Pernas: dos dedos dos pés aos quadris.
Tronco: dos quadris aos ombros.
Braços: das pontas dos dedos das mãos aos ombros.
Cabeça: dos ombros aos cabelos.

No sistema fracionado, deve-se detalhar mais cada segmento do corpo e deter-se em cada um pelo tempo suficiente para que ele se relaxe por inteiro. Sugerimos, a seguir, uma sequência completa para relaxamento; para isso, escolha uma música bem suave e leia e execute tranquilamente cada frase a seguir.

Tudo pronto? Então, vamos começar:

Vamos fazer um relaxamento completo.
Comece respirando. Só respirando. Isso. Respirando conscientemente. Respirando ritmadamente... Tranquilamente... Pausadamente.
Assim.
Respire... Respire... Respire...
E vamos mudando o foco da consciência.
Comece a prestar atenção no seu pé esquerdo.
Relaxe cada um de seus dedos, começando do menor e indo até o dedão.
Sinta cada dedo ficar bem soltinho... bem relaxado... E vá relaxando todo o seu pé esquerdo... todo o pé esquerdo, até o tornozelo.
Pronto. Seu pé esquerdo está completamente relaxado.
Sinta, agora, a sua perna esquerda relaxando, do tornozelo até o joelho... tranquilamente... e depois suba relaxando do joelho esquerdo até os quadris.
Isso. A perna esquerda toda está completamente relaxada.
Agora, o pé direito – Relaxe cada um de seus dedos, começando do menor e indo até o dedão.
Sinta cada dedo do seu pé direito se relaxando. Relaxe.
Agora, sinta o seu pé direito todo se relaxando, até o tornozelo.
Pronto. Seu pé direito está completamente relaxado.

Agora, sinta a sua perna direita relaxando, do tornozelo até o joelho... tranquilamente... e depois suba relaxando do joelho direito até os quadris.
Isso. Assim mesmo. Suas pernas estão em total relaxamento.
Sinta-as perfeitamente relaxadas.
Tome consciência de suas pernas e quadris bem relaxados, bem soltos e bem leves. Comece a sentir o relaxamento estender-se à sua região genital... sinta-a totalmente relaxada.
Agora, sinta os glúteos relaxando-se.
Amplie essa sensação de relaxamento para as suas costas...
Distenda a região dos rins...
Procure tomar consciência da sua coluna vertebral... Sinta os ossinhos desde o cóccix até a cintura... perceba se não os está forçando... se precisar, ajuste a postura para ficar ainda mais confortável...
Agora, relaxe bem o abdome e prossiga, subindo para o plexo solar... em seguida para o peito e a região dos pulmões. Detenha-se um pouco nessa região...
Perceba se a parte posterior, as suas costas, estão bem relaxadas...
Continue sentindo os ossinhos da coluna... da cintura até a nuca...
Devagar e sem pressa, sinta como se estivesse ajustando cada um deles no seu devido lugar... sinta sua coluna totalmente relaxada, sinta a energia percorrendo-a, do cóccix à nuca...
Agora, vamos relaxar os braços.
Comece pelo esquerdo... Relaxe cada dedo da mão esquerda – do indicador ao polegar... Sinta a mão esquerda completamente relaxada. Depois, prossiga relaxando o pulso. Relaxe-o bem e, em seguida, vá relaxando o antebraço, o cotovelo e o braço... Sinta o seu braço esquerdo completamente relaxado... completamente solto...
Agora, relaxe o braço direito... Relaxe cada dedo da mão direita – do indicador ao polegar... Sinta a sua mão direita completamente relaxada. Depois, prossiga relaxando o pulso. Relaxe-o bem e, em seguida, vá relaxando o antebraço, o cotovelo e o braço... Sinta o seu braço direito completamente relaxado... completamente solto...
Finalmente, relaxe os ombros: primeiro o esquerdo e depois o direito... Solte-os bem, libere-os de toda tensão... Perceba cada ponto de tensão que possa existir e libere-o, solte-o, deixando seus ombros completamente relaxados.

Tome consciência de todo o seu corpo relaxado: seus pés... suas pernas... seu tronco... seus braços...
....
E agora vamos relaxar o pescoço e a cabeça.
Faça seu pescoço relaxar-se... Perceba o pomo-de-adão, a traqueia, a parte posterior do pescoço...
Relaxe bem a nuca...
Agora o rosto, começando pela boca: solte bem os maxilares e a língua... Procure sentir os músculos da face e, em seguida, faça-os relaxar... Sinta a musculatura em volta da sua boca... em volta dos seus olhos... e do nariz... Sinta a sua testa... as têmporas... as orelhas...
Dê uma atenção especial aos seus olhos... sinta-os bem relaxados. Primeiro o esquerdo e depois o direito... sinta-os relaxando-se externa e internamente... Volte novamente a atenção para a testa... relaxe-a bem. Agora, sinta a cabeça toda relaxada... Procure perceber o seu couro cabeludo e sinta-o relaxar-se.
....
Isso. Agora você está em total relaxamento.
Desfrute a sensação de leveza de ter o corpo todo assim, bem relaxado.
Sinta a leveza do seu corpo e deixe-o permanecer assim: solto, frouxo, sem tensões e sem qualquer movimento. Sinta como isso é bom!
....
Veja que a sua respiração está bem suave e a sua mente flutua. Tranquilamente, comece a exercer um controle maior sobre a sua mente.
Comece por ver uma grande tela branca à sua frente. É a sua tela mental.
Projete nessa tela alguma imagem agradável, que aumente a sua sensação de bem-estar. Veja cada detalhe dessa imagem... Envolva-se na mesma... participe... usufrua do bem-estar de fazer parte daquela imagem que você projetou e determine mentalmente que esse bem-estar permaneça com você o tempo todo...
....
Comece, lentamente, a tomar consciência da sua respiração... Sinta o ar entrando e saindo das suas narinas... bem devagar. Agora, comece a sentir novamente o seu corpo. Observe-o em relação à temperatura ambiente: está quente? faz frio? Sinta como o seu corpo responde a essa temperatura... Vá fazendo o seu corpo "acordar" suavemente.

Movimente delicadamente os pés... depois, as mãos... Gire o tronco de um lado para o outro... estique os braços, espreguiçando-se gostosamente como se estivesse acordando...
Isso... Devagar... Vá retomando sua postura normal, com aquela mesma sensação de bem-estar que você projetou em sua tela mental e com o seu corpo totalmente tranquilo e sem tensões. Pronto. Abra os olhos. Desperte...

É importante manter uma prática regular de relaxamento. No início, não utilize qualquer estimulante no local (incensos, perfumes...). Certifique-se de conseguir relaxar com tranquilidade, sem pressa, sem impaciência, e só quando se sentir seguro parta para um relaxamento especificamente dirigido por um determinado aroma e com alguma visualização específica.

Importante: nunca interrompa um relaxamento abruptamente. Tenha sempre o cuidado de retomar a respiração normal, os movimentos normais do corpo e sair da visualização. Traga todos os seus sentidos de volta para o Plano Físico, pois é aqui que você, em estado normal de vigília, precisa estar presente.

VISUALIZAÇÃO

Os aromas falam por si, mas falam fundamentalmente a cada um de nós. Portanto, as imagens mentais ou visualizações de um determinado aroma jamais serão as mesmas para pessoas diferentes.

Cada aroma relaciona-se a um arquétipo primordialmente estabelecido e, secundariamente, outras relações vão se consolidando e estabelecendo imagens e atribuições cada vez mais seletivas. É assim que o louro, por exemplo, um aroma primordialmente relacionado ao arquétipo solar, por suas relações secundárias vincula-se a "energia vibrante", a "brilho intenso", a "posição principal", a "fonte de riqueza" e a "ouro", entre outras relações, e a partir de cuidadosa análise dessas relações, finalmente, o louro é indicado como um bom perfume para atrair riqueza, prosperidade e abundância.

Pois bem! Louro relaciona-se a tudo isso, então uma visualização básica para ele poderia ser uma grande arca do tesouro, brilhante e repleta de ouro e pedras preciosas. Certo. Mas isso está muito distante de você. Para potencializar a abundância e a prosperidade que o louro pode atrair para você, não seria mais fácil visualizar uma situação mais sua, como o imediato reconhecimento do seu trabalho na forma de um considerável aumento de salário, por exemplo? Ou, se você está sem um emprego, não seria melhor visualizar-se conseguindo fazer parte do quadro de funcionários de uma sólida empresa?

É isso o que queríamos dizer antes de nos estendermos um pouco mais sobre a visualização: dentro das imagens básicas de um aroma, você tem plena liberdade para construir a que será mais eficiente na situação que você estiver enfrentando – seja um problema sério ou um devaneio estimulante, faça a visualização com os elementos de que você dispõe. "Inventar" mentalmente aquilo que você é incapaz de conceber no Plano Físico só dificulta, uma vez que a imagem não se fixa com facilidade, dada a inexistência de uma correspondência material. Quanto mais as imagens da sua visualização se aproximarem do seu universo cotidiano, mais facilmente você conseguirá sustentá-las e mais força elas terão.

Você já sabe, então, que realizar uma visualização não significa entrar em transe e ter visões aterradoras ou angelicais, mas sim criar um cenário imaginário ideal, dentro da sua realidade. Não vamos fornecer técnicas de visualização, mas apenas os elementos básicos para você iniciar-se e preparar-se para tirar melhor proveito do mundo dos aromas.

Como proceder?

A visualização pode ser feita de olhos abertos ou fechados, dependendo do grau de concentração que você consiga obter e da eventual experiência em trabalhos mentais. Normalmente, pelo menos no início, ela deve ser feita de olhos fechados, ato este que, de imediato, dá a impressão de que a mente ficou no escuro.

Você também pode permanecer sentado ou deitado, mas se for visualizar de olhos fechados, o melhor é manter-se sentado, pois deitado poderá facilmente pegar no sono.

Decidido isso, trate de criar uma tela mental onde suas imagens possam ser projetadas: imagine que no escuro da sua mente se estende uma tela branca, como as de cinema, e comece a transferir ou a projetar nessa tela aquilo que deseja ver.

Exercite-se

Antes de iniciar qualquer prática com perfumes, exercite-se nas visualizações até se certificar da sua capacidade de manter imagens na sua tela mental. Comece por visualizar coisas simples, como uma rosa vermelha. Tente, até conseguir manter em tela a imagem da rosa vermelha. Quando conseguir, mude a cor da rosa... Quando as rosas deixarem de ser um mistério para você, parta para as paisagens: um dia ensolarado em um campo verdejante com umas poucas árvores espalhadas e, ao fundo, a linha do horizonte. Depois, visualize o entardecer nesse campo... e depois o anoitecer... e depois o amanhecer... E agora, entre em cena: veja-se passeando nesse campo, visualize-se caminhando, correndo, rolando na grama... mas procure ver-se com clareza, pois é muito importante.

Com exercícios simples como esses, rapidamente você terá adquirido grande destreza na projeção de imagens na sua tela mental e poderá utilizar plenamente os poderes dos perfumes, seja aplicando-os na pele, banhando-se, aspergindo-os pelo ambiente ou vaporizando-os.

Vale sempre lembrar que a magia é uma só, mas as intenções são muitas – a magia de um perfume que desperta paixões pode ser exercida junto a pessoas descomprometidas, mas também pode sê-lo junto a pais de família, podendo causar a destruição de um lar, por exemplo. Todo cuidado é pouco. Nunca se esqueça de que a responsabilidade pelas intenções é toda sua, pois a intenção é "intencional" e, portanto, voluntária.

Capítulo IX

Ativando a Energia

Como estamos vendo, existe uma ampla gama de perfumes e todos têm, na sua retaguarda, uma história que os levou a serem configurados como especiais, não só na utilidade como também na forma de aplicação.

Seria bem mais fácil se pudéssemos simplesmente verter algumas gotas de um determinado perfume entre as mãos, esfregá-las e pronto – tudo o que o perfume promete estaria ao nosso dispor! Mas as coisas não são tão simples assim.

Ao longo da história, vimos que os perfumes foram empregados mediante combustão, aplicação local ou acompanhando delicados banhos, e continuam sendo esses os sistemas mais indicados para a aplicação correta dos perfumes e para o melhor aproveitamento de suas qualidades.

Logicamente, há um motivo, uma razão para que determinado perfume atue melhor se com ele fizermos uma unção, uma defumação ou prepararmos um banho, e isso a história nos diz.

Os primitivos xamãs, bruxos ou sacerdotes foram os verdadeiros artífices desses sistemas de aplicação; foram eles que, com suas quase intermináveis práticas, determinaram como se deveria usar este ou aquele aroma.

O que faremos neste capítulo é explicar essas três técnicas para utilização dos aromas e mostrar de que forma você pode valer-se delas para ativar a sua própria energia.

Unção

Ungir, untar, molhar, umedecer... São essas as várias expressões normalmente utilizadas para indicar que se devem tomar algumas gotas de um óleo aromático entre os dedos e espalhá-lo em determinado local. Entretanto, usa-se mais frequentemente a palavra "unção" quando se trata de indicar procedimentos de natureza mística e espiritual como, por exemplo, a unção de velas, que deve ser feita antes de oferecê-las ao Santo Anjo Guardião ou de utilizá-las em um ritual, ou a unção que as crianças recebem por ocasião do batismo e os moribundos quando prestes a abandonar este plano de existência, que é a tão conhecida "extrema-unção", ou ainda a unção dos chacras para ativação e equilíbrio do fluxo energético, que é do que trataremos a seguir.

Os chacras

A ativação da nossa espiritualidade está ligada ao perfeito fluxo da energia em nosso corpo.

O corpo físico do ser humano, holisticamente falando, é envolto em um campo áurico ou campo energético, que é o seu corpo sutil, e é a energia captada e processada por esse corpo sutil que vivifica o corpo físico. Esse campo energético é constituído de sete camadas ou sete corpos, entre os quais o corpo físico e sua contraparte etérica, denominada corpo etérico ou vital, que responde pela ligação do corpo físico com os demais corpos sutis, muito embora todos eles se interpenetrem, e também por captar a energia vital, ou prana, e distribuí-la pelo corpo físico.

A energia vital captada pelo corpo etérico penetra no corpo físico através dos chacras, que são centros de força localizados no corpo etérico, sendo que os principais localizam-se ao longo da coluna vertebral. Esses centros de força ou canais de energia são constituídos de pétalas, cujo movimento giratório faz a energia circular entre o campo áurico e o corpo físico. Se esses canais de energia estiverem limpos e desobstruídos, a troca energética acontece, ou seja, a energia entra e sai à vontade, suprindo adequadamente o corpo físico para que este permaneça saudável e mantendo ajustados os níveis de comunicação deste com os demais corpos, o que significa que a pessoa se mantém "inteira": todos os seus corpos saudáveis e em contato uns com os outros, resultando em uma saúde perfeita e uma plena espiritualidade. Do contrário, se por algum motivo os canais estiverem bloqueados, o corpo físico se ressentirá com a falta da energia (ou pelo menos com a falta de uma quantidade suficiente de energia) e acabará por desenvolver doenças, bem como o desenvolvimento espiritual e a inteireza do ser ficarão comprometidos.

O trabalho com os chacras requer uma certa sensibilidade e experiência: determinadas pessoas são capazes de sentir-lhes o fluxo energético com uma simples imposição de mãos, e também com as mãos são capazes de desbloqueá-los e energizá-los; outras medem o fluxo energético com instrumentos de radiestesia (pêndulo, aurameter) e utilizam esses mesmos instrumentos ou um Bastão Atlante para normalizar-lhes o funcionamento; e outras, ainda, fazem semelhante trabalho com cristais, luzes coloridas, sons ou óleos essenciais.

Para trabalhar com óleos essenciais, sugerimos uma maneira prática que, aliada ao seu bom senso, poderá trazer-lhe grandes benefícios:

> *Inicialmente, identifique qual de seus chacras se encontra desestabilizado. Para tanto, estude atentamente as atribuições de cada chacra face ao seu estado geral. Com critério e vontade de conhecer-se um pouco mais, você saberá identificar em qual chacra a energia está fluindo de forma insuficiente.*
> *Feito isso, acenda uma vareta de incenso (existem à venda ótimos incensos para limpeza energética) e, mantendo-se em pé, faça círculos em volta do chacra deficitário, mentalizando que o está limpando de toda e qualquer impureza, independentemente de sua origem. Relaxe. (Se quiser, faça a limpeza em todos os sete chacras, pois só irá beneficiar os que já estiverem funcionando bem.)*

A seguir, ative a energia do chacra em questão mediante a unção do mesmo com o óleo que lhe for correspondente. Para isso, coloque duas gotinhas do óleo nas pontas dos dedos médio e indicador da mão direita e, enquanto permanece com a mão esquerda voltada para cima (captando energia), aplique o óleo sobre o chacra com movimentos circulares em sentido horário. Relaxe. Se possível, deite-se e permaneça alguns minutos respirando tranquilamente e visualizando um grande sol lançando seus raios sobre você. Imagine-se absorvendo-os todos. Se quiser, utilize outros elementos, como cores ou cristais, para potencializar a ativação energética. Uma ideia é que depois da unção, ao se deitar para relaxar, você coloque sobre o chacra a pedra que lhe for correspondente ou um círculo de papel na cor indicada – se quiser colocar os dois, melhor. A energização decorrente dessa simples prática é extraordinária.

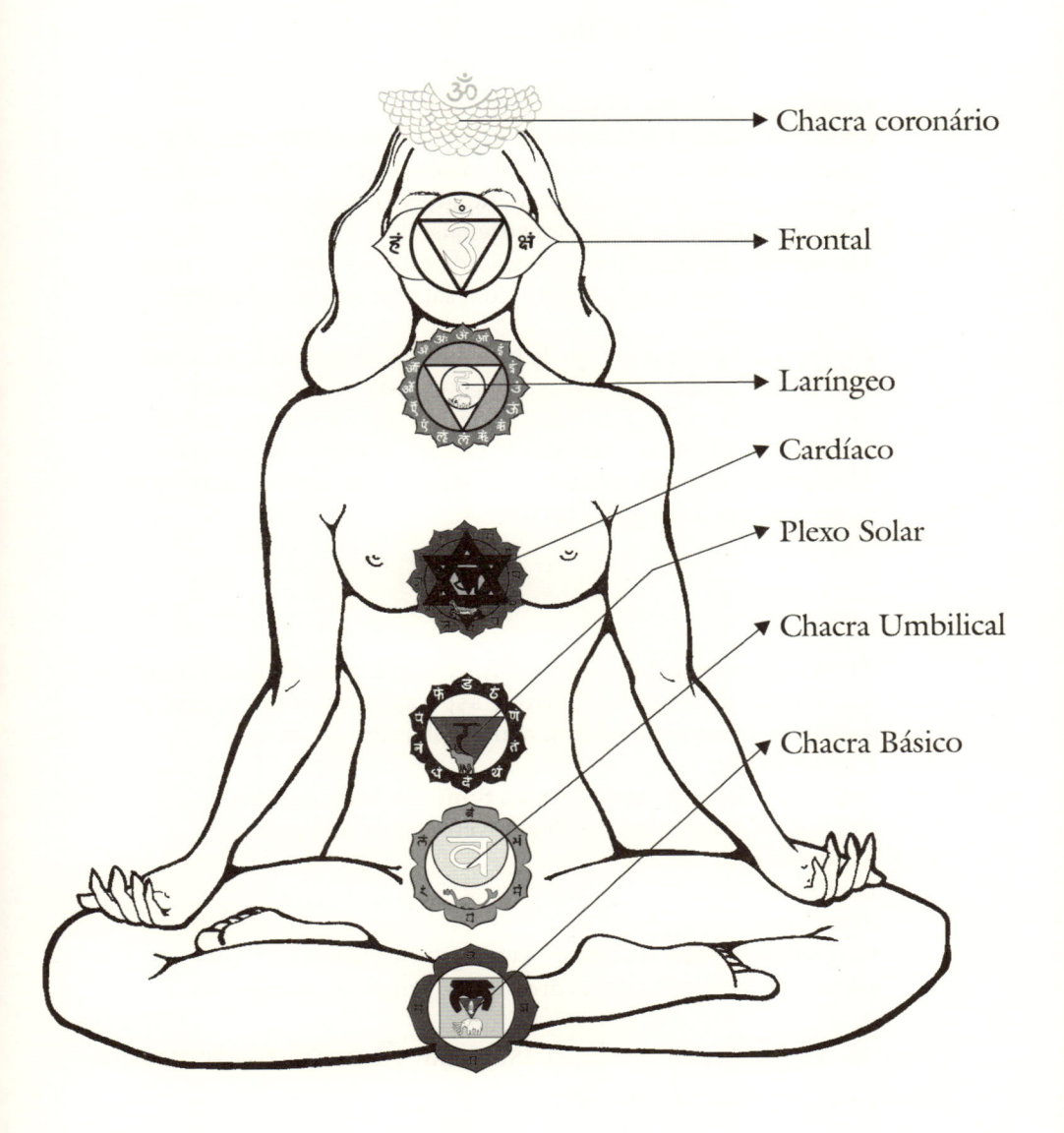

- Chacra coronário
- Frontal
- Laríngeo
- Cardíaco
- Plexo Solar
- Chacra Umbilical
- Chacra Básico

Descrição dos chacras

Chacra básico — Mudalhara

Localização: entre o ânus e os genitais
Princípio básico: vitalidade e vontade de viver – é a sede da kundalini.
Atuação física: coluna vertebral, ossos, dentes, unhas, ânus, reto, intestino grosso, próstata, útero, sangue e constituição celular.
Sistema endócrino: glândulas adrenais.
Em equilíbrio: agradável sensação de estar de bem com a vida, segurança pessoal, confiança na vida, satisfação, estabilidade, força e coragem interior.
Em desequilíbrio: sensação de insegurança, dificuldade de interação com o meio e com as pessoas, apego excessivo e necessidade obsessiva de suprir-se, seja de bens materiais, de comida ou até mesmo de bebidas alcoólicas, dificuldade de estar presente na própria vida.
Bloqueado: ausência total de vitalidade e doenças no corpo físico, especialmente nos órgãos correlatos.

Para ativação

Processo natural: contato com o elemento Terra (sentar-se em um chão de terra batida; aspirar o odor da terra, sentindo-o conscientemente) ou contemplar um pôr do sol.
Cor: vermelho
Cristais: cornalina, rubi, quartzo fumê, turmalina negra
Música: sons de atabaque, Beethoven, mantras indígenas
Nota musical: dó
Elemento: Terra
Metal: ferro
Ocupações: dança, artesanato em barro e argila.
Óleos: pimenta, sândalo, cedro, cravo, gengibre, manjericão.

Chacra Esplênico — Svadisthana (Também chamado suprarrenal, sexual ou sacro)

Localização: acima dos genitais, cerca de quatro dedos abaixo do umbigo.
Princípio básico: reprodução

Atuação física: quadris, órgãos genitais, rins, bexiga, sangue, linfa, sucos digestivos, esperma.
Sistema endócrino: ovários e testículos.
Em equilíbrio: fluidez natural da vida em todos os sentidos: corpo, alma e espírito, entusiasmo, ações produtivas, franqueza, naturalidade.
Em desequilíbrio: negação ou recusa da sexualidade, perda do potencial criativo, manifestação energética inconveniente, instintos reprimidos, excessivas fantasias sexuais, tensão, tristeza.
Bloqueado: total isolamento das relações sociais, em especial com o sexo oposto, negação da própria vida e problemas nos órgãos correlatos.

Para ativação

Processo natural: contato com o elemento Água (rios e cachoeiras) e contemplação da luz da Lua.
Cor: laranja
Cristais: cornalina, jaspe, ágata
Música: fluente, que desperte alegria e descontração, ritmos ciganos e flamencos.
Nota musical: ré
Elemento: Fogo
Metal: cobre
Ocupações: desenho, pinturas com giz-de-cera.
Óleos: ilangue-ilangue, sândalo, ginseng, alecrim, menta, jasmim.

Chacra plexo solar — Manipura (Também chamado chacra do umbigo)

Localização: cerca de três dedos acima do umbigo.
Princípio básico: constituição do ser, equilíbrio do ego.
Atuação física: parte inferior das costas, cavidade abdominal, sistema digestivo, estômago, fígado, baço, vesícula biliar, sistema nervoso vegetativo.
Sistema endócrino: pâncreas
Em equilíbrio: sensação de paz e harmonia, adaptação com o meio, aceitação da vida e do próprio crescimento, atração natural para riquezas interiores e exteriores, autoconfiança, autoestima, valorização pessoal.

Em desequilíbrio: tendência a moldar tudo sob o seu ponto de vista, egoísmo, inquietação, insatisfação, descontrole, nervosismo, ansiedade, falta de concentração, medo de novas experiências.
Bloqueado: falta de energia vital, perda de motivação, desvalorização pessoal e problemas nos órgãos correlatos.

Para ativação

Processo natural: exposição ao sol da manhã, até as dez horas, no máximo.
Cor: amarelo ou dourado
Cristais: citrino, topázio, âmbar, olho-de-tigre
Música: só orquestradas, Mozart
Nota musical: mi
Elemento: Fogo
Metal: ouro
Ocupações: desenho, pinturas com lápis de cor.
Óleos: alecrim, lavanda, hortelã, limão, sálvia, verbena, gerânio.

Chacra cardíaco — Anahata

Localização: na altura do coração, no meio do peito.
Princípio básico: abnegação, amor universal.
Atuação física: coração, parte superior das costas e o peito, cavidade torácica, área inferior dos pulmões, pele, braços e mãos.
Sistema endócrino: timo
Em equilíbrio: cordialidade, contentamento, irradiação de alegria e confiança, compaixão, solicitude, abnegação, calma, equilíbrio, visão realista do mundo e ausente de julgamentos.
Em desequilíbrio: doação excessiva de si, constante espera de reconhecimento por tudo que faz para os outros, desilusão ao não se sentir compensado como queria, depressão, angústia.
Bloqueado: frieza diante de sentimentos, indiferença, brutalidade, ausência de sentimentos, problemas físicos nos órgãos correlatos.

Para ativação

Processo natural: contato com a natureza verdejante, passear em bosques ou florestas.
Cor: verde-claro ou rosa brilhante.
Cristais: quartzo rosa ou verde, esmeralda, turmalina rosa ou verde

Música: Shubert, Schuman
Nota musical: Fá
Elemento: Água
Metal: manganês, magnésio
Ocupações: arranjos florais, tear, bordado, tricô e crochê.
Óleos: melissa, mirra, lavanda, alecrim, rosa, olíbano (incenso), patchuli, bergamota

Chacra laríngeo — Vishuda

Localização: entre a cavidade do pescoço e da laringe.
Princípio básico: ressonância do ser, comunicação e expressão.
Atuação física: garganta, nuca, queixo, ouvidos, órgãos da voz, traqueia, brônquios, região pulmonar superior, esôfago, boca, braços.
Sistema endócrino: tireoide e paratireoide.
Em equilíbrio: livre expressão de pensamentos, conhecimentos e sentimentos, liberdade para manifestar suas próprias fraquezas, honestidade interior, criatividade na comunicação, eloquência, voz potente, clara e sonora, capacidade de ouvir com atenção e com o coração, sensação de total integridade.
Em desequilíbrio: dificuldade de se mostrar e expressar-se, retração, timidez, insegurança e medo da opinião alheia, dificuldade de manter a comunicação com o seu próprio eu e falta de confiança nas suas intuições.
Bloqueado: rigidez e problemas físicos nos órgãos correlatos.

Para ativação

Processo natural: contemplação do céu claro, sem nuvens, ou do reflexo do céu em águas límpidas e tranquilas.
Cor: azul-turquesa
Cristais: água-marinha, turquesa, crisopázio.
Música: Vivaldi, Verdi e sinfonias em geral.
Nota musical: sol
Elemento: Ar
Metal: alumínio
Ocupações: modelagem em *papier-machê*, dobraduras.
Óleos: lavanda, sândalo, manjerona, bergamota, alecrim.

Chacra frontal — Ajna (Também conhecido como terceiro olho)

Localização: no meio da testa, entre as sobrancelhas.
Princípio básico: autoconhecimento, clarividência.
Atuação física: rosto, olhos, ouvidos, nariz, cavidades faciais, cerebelo, sistema nervoso central.
Sistema endócrino: glândula pituitária.
Em equilíbrio: agilidade mental e intelecto ativo, visualização desenvolvida, capacidade de ver além das formas físicas aparentes, transcendência dos parâmetros racionais de compreensão do mundo, abertura da intuição e da visão interior.
Em desequilíbrio: rigidez mental, racionalidade excessiva, vaidade em relação à própria inteligência, fixação em determinadas ideias; tem clareza de visão mas falta habilidade para unificar e integrar tudo que vê.
Bloqueado: rejeição dos aspectos espirituais, fraqueza mental, esquecimentos, obscuridão de pensamentos, ideias confusas e sem sentido, problemas físicos nos órgãos correlatos.

Para ativação

Processo natural: contemplação do céu noturno, de preferência sem luzes artificiais.
Cor: índigo
Cristais: sodalita, safira, lápis-lazúli, azurita.
Música: Bach e *new age* em geral
Nota musical: lá
Elemento: Ar
Metal: prata
Ocupações: pintura em telas.
Óleos: sândalo, limão, cedro, alecrim, gerânio, lavanda, hortênsia.

Chacra coronário — Sahasrara

Localização: no topo da cabeça (coroa).
Princípio básico: constituição do ser puro, integração com a divindade.
Atuação física: cérebro.
Sistema endócrino: glândula pineal.

Em equilíbrio: irradiação da vida com total plenitude e pureza, facilidade para acessar diretamente o conhecimento superior a partir da conexão com o "eu universal".
Em desequilíbrio: sentimento de separação do próprio eu, medo de estar só, ausente de si mesmo, e com isso transmite bloqueio aos demais chacras, dificultando a própria vida.
Bloqueado: esse chacra pode ser mais ou menos desenvolvido, mas nunca bloqueado, fechado.

Para ativação

Processo natural: contemplação do horizonte a partir de um ponto elevado.
Cor: violeta ou branco luminoso (tipo furta-cor)
Cristais: ametista, cristal, diamante.
Música: sons de harpa, silêncio
Nota musical: si
Elemento: Éter
Metal: não há um específico
Ocupações: pinturas com aquarela e ecoline.
Óleos: lótus, hortelã, lavanda, mirra, olíbano (incenso), alecrim, âmbar.

Tudo que vimos até aqui a respeito da utilização dos óleos aromáticos mediante unção referiu-se basicamente ao trabalho sobre a espiritualidade e harmonização energética. Mas na prática, fora do contexto espiritual, por que se faz uma unção?

Bem, se é fora desse contexto, então vamos usar uma terminologia mais adequada e, em vez de tomar algumas gotas de óleo aromático e fazer uma "unção" em determinada parte do corpo, vamos fazer uma "massagem", que igualmente faz com que o óleo se espalhe e penetre na pele, estimulando a região massageada. (E nem por isso estamos deixando de trabalhar com a constituição energética do nosso ser.)

Massagem

A partir daqui, falaremos de "massagem", que é uma das principais técnicas dos modernos aromaterapeutas. Não abordaremos técnicas específicas de massagem, pois não é esse o propósito deste livro, mas daremos uma série de indicações para que você possa praticar seguramente os conhecimentos aqui adquiridos.

A "massagem" (do grego, amassamento), uma das formas mais antigas que se conhece para tratar dos males diversos que afligem o ser humano, consiste em estimular as funções de órgãos, músculos, nervos, pele, glândulas, etc. por meio de movimentos e pressões apropriadas.

Os movimentos utilizados em uma massagem são muito variados. Podem ser leves, suaves e rítmicos, proporcionando uma ação relaxante, ou fortes e pesados, com o objetivo de quebrar os bloqueios de determinadas áreas do corpo.

Em aromaterapia, trabalha-se mais com os movimentos suaves, deslizantes e com amassamentos leves, objetivando sempre auxiliar na penetração do óleo e estimular ou relaxar de uma forma geral para que possamos efetuar um tratamento local ou o tratamento de um determinado problema por meio dos pontos reflexos ou dos meridianos correspondentes.

Vejamos, a seguir, os principais movimentos utilizados para se fazer uma massagem:

> **Deslizamentos:** Esses movimentos, extremamente relaxantes, são feitos com as mãos espalmadas, que devem ser mantidas o tempo todo em contato com o corpo massageado, e são muito indicados para melhorar a circulação venosa, ajudando a descongestionar as veias, de forma que o sangue arterial possa correr mais livremente, nutrindo todos os órgãos do corpo.
> Os deslizamentos podem ser superficiais ou profundos, sendo que os superficiais devem sempre ser utilizados após uma sequência de movimentos profundos, como se acariciando a área massageada.
>
> **Compressão:** Consiste em comprimir determinadas áreas com as mãos. A compressão pode ser feita por amassamento ou fricção.
> O amassamento, que melhora a circulação e facilita a eliminação de toxinas, consiste em pegar um músculo ou parte dele, comprimi-lo por entre os dedos de uma das mãos e soltá-lo, enquanto, com a outra mão, faz-se o mesmo movimento na porção muscular vizinha à que se acabou de soltar, estabelecendo uma sequência de movimentos ritmados que vão sendo feitos por toda a região a ser massageada. (Importante: só se deve fazer amassamento em uma região previamente relaxada por um deslizamento.)

A fricção, que também estimula a circulação, ajuda a eliminação de líquidos pelo organismo e a dispersar nódulos de tensão e a gordura da região onde for aplicada. Consiste em massagear profundamente e em círculos, utilizando-se as palmas das mãos, as polpas dos polegares ou um ou mais dedos. Deve-se comprimir a região a ser massageada e fazê-la mover-se circular e profundamente e, aos poucos, ir diminuindo a pressão até que a mão possa deslizar.

Percussão: Essa técnica consiste em movimentos secos e rápidos, que podem ser feitos com as laterais das mãos, pontas ou nódulos dos dedos; contudo, tais movimentos não são relaxantes e, portanto, pouco usados em aromaterapia.

Quando uma essência penetra em nosso organismo através da pele, ela entra na corrente dos fluidos corpóreos e se espalha pelo corpo de uma maneira mais lenta, difusa e constante do que se fosse ingerida oralmente ou inalada. É por esse motivo que a massagem é um dos principais recursos da aromaterapia.

Para que ocorra uma efetiva penetração do óleo na pele, esta precisa estar preparada para recebê-lo, ou seja, é necessário que a própria pele esteja saudável. Assim sendo, é recomendável que antes de se submeter a um tratamento à base de óleos essenciais, você faça pelo menos uma semana de dieta leve, desintoxicante e descongestionante, mantendo-a, se possível, durante o tratamento. E se você estiver aplicando o tratamento em alguém, oriente a pessoa a fazer o mesmo.

Outra observação importante para haja uma boa penetração dos óleos na pele é que os poros precisam estar bem abertos e a circulação periférica do sangue, perfeita. Para obter essas condições, você pode expor a pele a uma fonte de luz, mas isso não é o ideal. O melhor mesmo é que você inicie a massagem aromaterapêutica com uma fricção, que deixará a pele ligeiramente avermelhada devido ao calor provocado e à consequente dilatação dos vasos capilares.

Para fazer massagem terapêutica, é necessário que você se aprofunde na utilização das técnicas, como também adquira informações consistentes a respeito da anatomia humana, da localização de órgãos e músculos, e também dos meridianos, caso queira trabalhar na linha de massagem oriental. Não cometa imprudências como "tentar" curar uma dor localizada com uma massagem, por exemplo, pois você poderá piorar em muito a situação caso não saiba o que tem de ser massageado.

Entretanto, para fazer uma massagem relaxante ou mesmo uma massagem sensual e erótica, os requisitos são outros: basta um conhecimento preliminar das técnicas, sensibilidade para escolher o óleo adequado, delicadeza para fazer os movimentos e carinho para com a pessoa a ser massageada.

Detalhes a serem observados

Escolha um local tranquilo, naturalmente aquecido, e certifique-se de que não haverá possibilidade de vocês serem interrompidos.

Prepare o ambiente com uma luz tênue e música suave, assegurando-se de não haver qualquer corrente de ar que possa atingir a pessoa a ser massageada.

A pessoa poderá ser acomodada no chão, em uma cama ou em uma mesa de massagem, e você deverá dispor de toalhas ou lençóis para manter cobertas as partes do corpo que não estiverem sendo massageadas.

O ideal é que você se vista com trajes confortáveis e que não use qualquer perfume, para não criar confronto olfativo com o óleo a ser utilizado.

Suas unhas devem estar curtas e você deve tirar anéis, relógio, pulseiras e qualquer outro adorno que possa machucar a outra pessoa.

Esfregue suas mãos, energizando-as e aquecendo-as antes de começar a massagem, e não espalhe o óleo diretamente na pele da pessoa: coloque-o na palma de uma de suas mãos e esfregue-as uma na outra para, depois, transferi-lo para a pessoa a ser massageada.

Massagens relaxantes são feitas com deslizamentos suaves e circulares, utilizando óleos como lavanda, manjerona, néroli, gerânio ou bálsamo diluídos em óleo básico.

Preparando seus óleos

Para a preparação de óleos de massagem, utilize de quinze a trinta gotas de óleos aromáticos para cada 30 ml de óleo básico.

Os óleos básicos devem ser de origem vegetal, pois têm alto poder de penetração na pele. Entre os óleos mais frequentemente utilizados estão os de abacate e de germe de trigo, que são nutrientes e bons para pele seca; os de semente de uva, que são extremamente finos e sem cheiro, ideais para todo tipo de pele; e também os óleos de amêndoas doces, de semente de girassol ou de oliva, que são muito utilizados mas costumam ter um aroma mais forte.

Não prepare grandes quantidades de óleo para massagem. O ideal é preparar quantidades de 50 a 100 ml, no máximo, porque os óleos básicos nomalmente têm boa capacidade de conservação, mas depois de misturados tendem a ficar rançosos e a oxidar mais rapidamente.

Massagem erótica

O ponto mais alto da união das polaridades é o ato sexual entre um homem e uma mulher, que para honrar o importante papel que desempenha no contexto cósmico da criação deveria sempre ser praticado com requintes de um ritual mágico, dada a energia criativa que é capaz de produzir.

No ato sexual, o olfato e o tato são de fundamental importância. Machos e fêmeas, em todo o reino animal, promovem seus rituais de acasalamento a partir do cheiro que desprendem para ativar o parceiro. Até mesmo os homens e as mulheres já se buscaram a partir do cheiro e, se pensarmos bem, fazem-no até hoje. O que acontece hoje é que a percepção do ser humano acabou por se diluir na grande quantidade de estímulos das mais variadas naturezas – olfativos, visuais, táteis, sonoros e gustativos – que invadem o seu dia a dia e que tornam cada vez mais difícil identificar o "cheiro" natural de um parceiro a ponto de estimular-se eroticamente com ele.

Falamos anteriormente que o ato sexual deveria ser praticado com "requintes de um ritual mágico", e muitos podem pensar que isso significa que se deva praticá-lo de maneira formal, deixando-se de lado o prazer. Não. É exatamente o contrário: os requintes ritualísticos devem ser utilizados para aumentar e prolongar as sensações de prazer e bem-estar que o contato íntimo com a pessoa amada pode proporcionar. O ato sexual deve ser praticado com extrema reverência e respeito pelo parceiro, buscando-se estimulá-lo para que o prazer de ambos seja completo: estimulando-se adequadamente um parceiro, ele terá condições de nos satisfazer mais plenamente e, melhor satisfeitos, teremos condições de retribuir-lhe e também satisfazer-lhe as vontades de uma forma completa, disso resultando um perfeito fluxo de energia que se traduz em uma alegria e prazer indizíveis.

A estimulação erótica, para ser completa, precisa envolver todos os sentidos, mas os que mais se relacionam à parte aromática, que é do que estamos tratando neste livro, são o tato, que se estimula com a massagem e o toque; o olfato, que é estimulado com os aromas; e o paladar, que se delicia com as comidas e bebidas aromáticas e afrodisíacas. O tato e o paladar fazem parte de um processo de estimulação direta, mas o olfato pode ser estimulado indiretamente, antes mesmo reveladas suas reais intenções de deliciosa sedução... Os detalhes disso constituem o ponto-chave do seu poder de sedução pessoal.

Óleos indicados

A massagem erótica deve ser praticada com óleos como rosa, ilangue-ilangue, jasmim, sândalo, patchuli, alecrim, misturados com óleo básico nas mesmas proporções que foram indicadas anteriormente.

As fórmulas que se seguem são todas para diluição em 30 ml de óleo básico:

Ativar sensualidade: sete gotas de sândalo, cinco de ilangue-ilangue, cinco de jasmim e três de rosa.

Energizar/Estimular: doze gotas de alecrim, seis de bergamota, quatro de sândalo e quatro de patchuli.

Fórmula afrodisíaca: dez gotas de ilangue-ilangue, cinco de sândalo, cinco de patchuli, três de rosa e três de jasmim.

Combater impotência/frigidez: dez gotas de zimbro, sete de bergamota, cinco de sândalo e cinco de pimenta.

Pontos a serem massageados

Os principais pontos a serem massageados em uma sessão erótica são:

Plexo solar: revitaliza a região lombar e aumenta a energia sexual.
Boca do estômago: pressão nessa região aumenta o poder da vontade e possibilita ao homem um maior controle sobre a ejaculação.
Costas: massagear as costas no sentido da nuca às nádegas constitui um forte estimulante energético.
Nádegas: massageie as nádegas do seu parceiro com a parte carnuda das suas mãos, que se forma logo abaixo dos polegares: você estará estimulando a circulação sanguínea e os órgãos sexuais dele e também vitalizando a sua própria energia sexual.
Região lombar: liberar a tensão que se acumula nessa região deixa o parceiro mais à vontade e bem-disposto.
Vértebras coccígeas: pressioná-las com a polpa do polegar aumenta a capacidade sexual e previne a ejaculação precoce.
Região pélvica/parte superior das coxas: é altamente estimulante.
Ponto diretamente acima do osso púbico (nas mulheres): tonifica os órgãos sexuais e aumenta a capacidade de resposta aos estímulos sexuais.
Vértebras entre os seios: estimula a capacidade de resposta sexual.
Todo o restante do corpo, como braços, pernas, face...: proporciona um contato relaxante e ao mesmo tempo estimulante, permitindo aos parceiros que conheçam melhor seus corpos e até identifiquem zonas particularmente erógenas, que passarão a constituir um dos segredos de amor entre o casal.

O Jogo da Sedução

No jogo da sedução, as mulheres revelam-se mais hábeis na utilização dos perfumes como forma de estimular, envolver, criar e alimentar fantasias, enquanto a atuação do homem dá-se de outra forma. Geralmente, é o homem quem oferece vinho ou champanhe, que inebria e seduz pelo aroma em si, ou sugere frutas e outros alimentos aromáticos e afrodisíacos, e é ao homem que se atribui, normalmente, a iniciativa nos jogos eróticos que envolvem o paladar. Mas isso não é regra geral e ambos podem fazer de tudo. Entretanto, como este é um livro de aromaterapia, privilegiaremos a atuação feminina, por sua natural habilidade em lidar com a evanescente sutileza dos aromas.

Estimulação indireta

A estimulação olfativa indireta do seu parceiro você vai conseguir perfumando-se, mas não se trata aqui de simplesmente se perfumar como quem vai a uma festa. Vai ser uma festa, sim, mas os preparativos são outros, e estão relacionados a seguir.

Perfume os mamilos com óleo de rosas diluído em um pouco de óleo vegetal ou em água.

Coloque algumas gotas de néroli, patchuli ou sândalo, igualmente diluídos, em uma escovinha macia e escove suavemente os pelos púbicos.

Utilize almíscar para fazer uma delicada unção nos órgãos genitais.

Perfume seu hálito com óleo de rosas ou de bergamota ou mastigue um cravo-da-índia.

Perfume suas coxas com vetiver ou patchuli, a cintura e o umbigo com jasmim, o peito e o pescoço com ilangue-ilangue.

Molhe ligeiramente a sua escova de cabelos com algumas gotas de óleo de rosas ou de jasmim diluído em água e escove seus cabelos naturalmente.

Acrescente algumas gotas de óleo de sândalo ou de almíscar na água de enxágue de suas *lingeries*.

Borrife água com algumas gotas de néroli ou ilangue-ilangue sobre a cama.

A prática

A estimulação tátil é o que podemos chamar de massagem erótica.

Para praticá-la, movimente-se em volta e sobre o parceiro de forma carinhosa e sensual, muito embora suas mãos e dedos devam movimentar-se de acordo com a prática normal de uma massagem.

Enquanto massageia o seu amado, deixe que, vez por outra, seus corpos se rocem de uma forma mais ousada, atitude essa que deverá ser provocada por você, não apenas para excitar o parceiro, mas, principalmente, para satisfazer os seus próprios caprichos e desejos. É importante lembrar-se de que durante a massagem o seu parceiro está entregue às suas mãos, totalmente passivo às suas manipulações e carícias, e você deverá excitá-lo tanto quanto se excitar, roçando nele as suas regiões mais sensíveis, como que se masturbando indiretamente: excitando-se e preparando-se para responder ao desejo que você própria estará provocando.

Você poderá, enquanto lhe massageia as nádegas, inclinar-se sobre ele o suficiente para que seus seios toquem-lhe as coxas; ou enquanto lhe massageia as costas, fazê-lo de forma que seus seios toquem-lhe as nádegas e a região lombar; ou, ainda, para lhe massagear as costas, você poderá ajoelhar-se sobre o seu parceiro, com um joelho de cada lado do seu dorso, de forma que para movimentar suas mãos e braços você também movimente a pélvis, permitindo que seus genitais rocem-lhe vez por outra o corpo, num jogo amoroso bastante excitante... E já no fim da massagem, vire o seu parceiro de frente – ainda sem configurar explicitamente a intenção de conduzi-lo à penetração – e coloque-se novamente ajoelhada, com um joelho de cada lado dos seus pés, e vá massageando-lhe as pernas... depois as coxas... e comece a subir para o tórax... sempre deixando que, vez por outra, seus genitais rocem-lhe casualmente o corpo... E se o jogo estiver demasiadamente excitante, enlace-o com os braços e conduza-o à postura inicial que mais lhe agradar... Você também poderá tomar-lhe o pênis entre as mãos e introduzi-lo delicadamente em sua vagina, rodopiando sobre o seu parceiro com suficiente delicadeza para que ele a sinta entregue, passe a uma posição ativa, colocando-se sobre você, ou então você poderá, em um movimento tão rápido quanto delicado, fazê-lo sentar-se e juntos, olho no olho, os dois poderão participar em igualdade de atuação na excitação e no prazer mútuos; deite-se, depois, de forma que o seu parceiro fique sobre você, daí derivando para outras posições mais criativas... Nesse ponto, as técnicas são bem pouco importantes, pois vocês já estarão suficientemente cegos pela paixão e prontos para seguir todos os caprichos que seus corpos ditarem.

Reflexologia

A reflexologia não é exatamente um tipo de massagem, mas também não deixa de ser. Trata-se de um eficiente método de diagnóstico e excelente complemento para a massagem aromaterapêutica que se encontra na lista das terapias orientais. Seu princípio pressupõe a divisão do corpo em dez zonas, cinco de cada lado de uma linha vertical central. Os órgãos que ficam no meio dessa linha central têm o seu ponto reflexo na primeira zona de ambos os pés, assim como os órgãos que se situam à esquerda terão o ponto reflexo apenas no pé esquerdo, os que se situarem à direita, apenas no pé direito, e os órgãos pares terão seus pontos reflexos em cada um dos pés, como, por exemplo, olho direito no pé direito, olho esquerdo no pé esquerdo. E mais: as zonas reflexas não se encontram apenas nos pés mas em outras partes do corpo.

Não vamos falar muito da reflexologia, que não é o nosso propósito; apenas daremos algumas indicações preliminares para a utilização prática desse conhecimento.

Breve roteiro

Antes de começar, faça uma limpeza dos pés com algodão embebido em uma loção tônica e comece a trabalhar um pé de cada vez.

Segure o pé firmemente com ambas as mãos e gire-o, suavemente, mas com firmeza, em sentido horário e anti-horário, três ou quatro vezes para cada lado.

Espalhe uma pequena quantidade de óleo apropriado no pé, com movimentos firmes e precisos.

Segure firme cada um dos dedos e movimente-os em todos os sentidos: gire-os de um lado e do outro e vire-os para a frente e para trás.

Em seguida, coloque os dedos de uma de suas mãos entre os dedos do pé e movimente-os todos ao mesmo tempo para a frente e para trás.

Massageie ligeiramente a área em volta do tornozelo e desça, com mais firmeza, massageando o calcanhar.

Deslize firmemente a polpa do polegar por toda a área central da sola do pé, em movimentos para a frente e para trás.

Pronto.
Você conseguiu deixar esse pé bem relaxado. Agora, comece a explorar os seus pontos sensíveis.

Com uma das mãos, segure o pé firmemente, e com a outra faça a exploração: apoie a polpa do polegar com suavidade e, em seguida, pressione-a firmemente sobre a pele e volte à posição inicial, movimentando o dedo quase que milimetricamente sobre a sola do pé. Repita esse movimento em toda a extensão do pé. (Se você estiver massageando os pés de uma criança pequena e a polpa de seu polegar for demasiado grande em relação ao pezinho, faça essa exploração com os cantos do polegar.)

Detectando alguma área sensível, insista para se certificar da sensibilidade, mas faça-o com uma pressão mais aguda, desta vez com a ponta do polegar. A dor provocada pela pressão em uma área afetada pode ser aguda e intensa em algumas pessoas, e suave em outras; mas, ainda assim, não é difícil identificar quando se trata de uma dor reflexa e não de uma simples dor no pé. Pergunte o que a pessoa que você estiver massageando sente durante a pressão em um ponto doloroso. A dor reflexa é sentida mais profundamente; é pulsante e só se manifesta quando o ponto é pressionado.

Identificadas as áreas sensíveis, dedique-lhes uma maior atenção e comece a exercer uma pressão mais longa e contínua para dispersar a energia e eliminar o bloqueio. Se isso provocar uma dor muito intensa na pessoa, reduza a intensidade da pressão, mas apenas até o limite suportável, pois se ela não sentir nada, o tratamento não terá qualquer efeito. A dor no ponto pressionado irá diminuindo naturalmente e, quando acabar por completo, mude ligeiramente o lugar da pressão e volte a exercê-la com firmeza para detectar se provoca desconforto. Em caso positivo, continue pressionando até a dor sumir, como feito anteriormente... e continue esse processo até abranger toda a extensão do pé.

Terminada a exploração e o tratamento, pegue novamente uma pequena quantidade de óleo entre as mãos e espalhe-a no pé, massageando-o suavemente e estendendo a massagem ao calcanhar e perna, com movimentos suaves e relaxantes.

Repita todo o processo com o outro pé.

Encerrada a massagem, oriente a pessoa a que aplique um óleo essencial com uma ligeira massagem nos pés e pernas, todas as noites, antes de dormir.

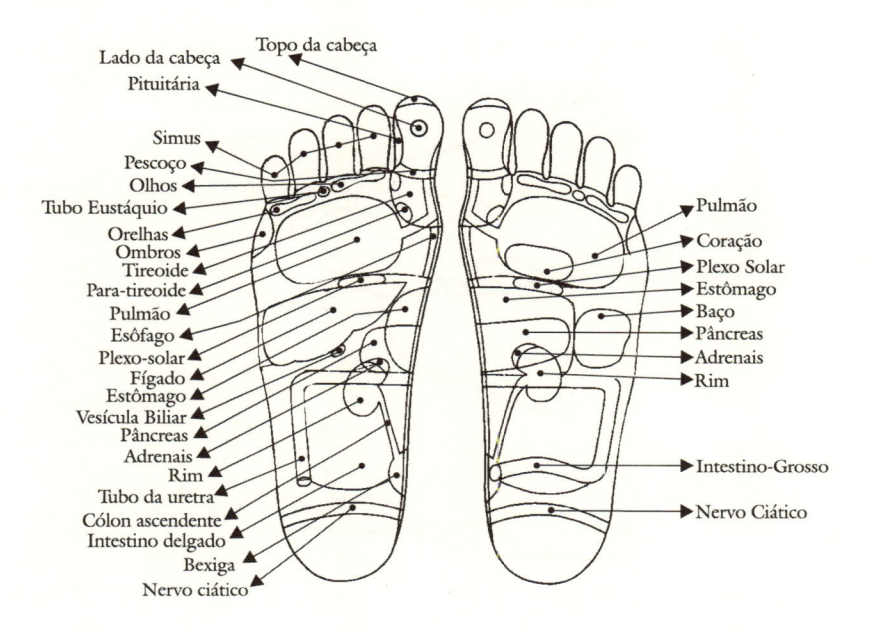

Ativando a Energia

Lado da cabeça — Topo da cabeça
Pituitária
Simus
Pescoço
Olhos
Tubo Eustáquio
Orelhas
Ombros
Tireoide
Para-tireoide
Pulmão
Esôfago
Plexo-solar
Fígado
Estômago
Vesícula Biliar
Pâncreas
Adrenais
Rim
Tubo da uretra
Cólon ascendente
Intestino delgado
Bexiga
Nervo ciático

Pulmão
Coração
Plexo Solar
Estômago
Baço
Pâncreas
Adrenais
Rim
Intestino-Grosso
Nervo Ciático

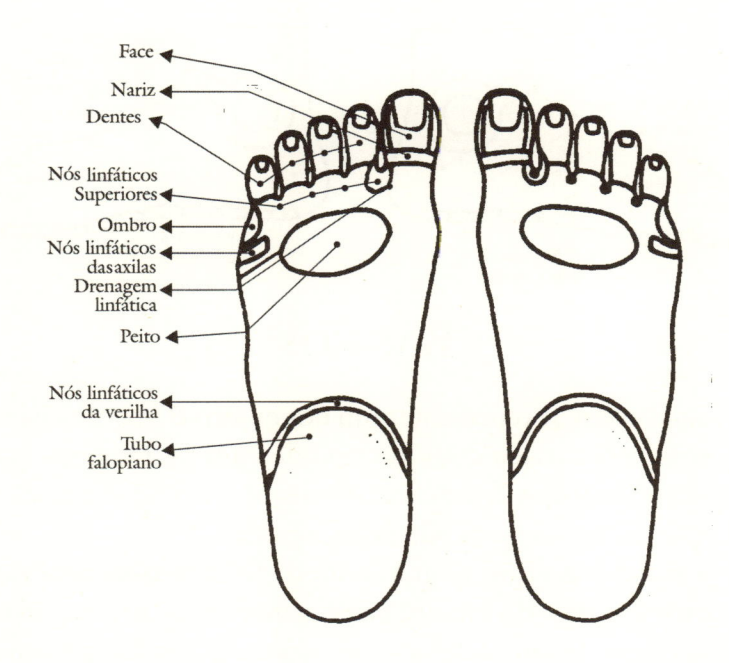

Face
Nariz
Dentes
Nós linfáticos Superiores
Ombro
Nós linfáticos das axilas
Drenagem linfática
Peito
Nós linfáticos da verilha
Tubo falopiano

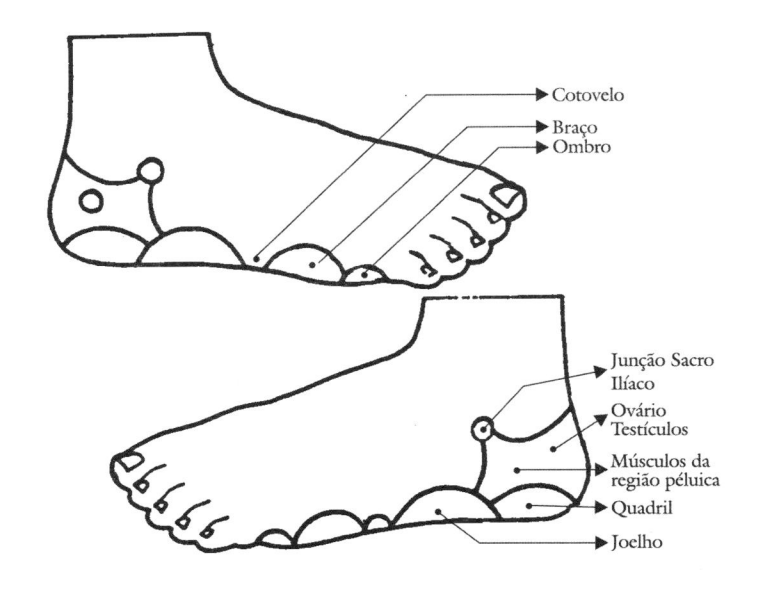

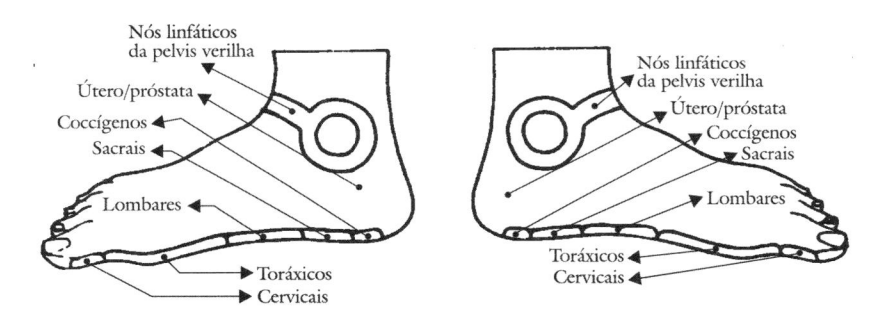

BANHOS

A água, além de representar um dos quatro elementos sagrados, é frequentemente usada em todo tipo de cultos e religiões que vão dos rituais dos antigos druidas até o batismo da religião católica ou a purificação das águas praticada pelos hindus.

Por sua composição, a água favorece determinadas práticas mágicas, como é o caso do banho, que é sempre uma prática relaxante e harmonizante, favorecendo a sintonização da pessoa que o toma – despida perante o mundo – com tudo que a rodeia: esferas dos outros planos de realidade, gênios da natureza e sua própria energia.

Para a maioria dos cultos, o banho é uma demonstração de humildade, que bem pode ser definido como uma aceitação da purificação por parte desse elemento da natureza, que é a Água.

Preparação

A aplicação de um perfume por meio do banho não é um exercício simples, sem preparação alguma, em que baste apenas abrir o registro de água, encher a banheira, despejar o perfume e pôr-se literalmente "de molho". Não. Um banho é algo muito mais respeitoso, mas nem por isso complicado.

Um banho é um ritual.

Primeiro, antes de começar seus preparativos, mantenha um estado mental receptivo, o que será conseguido facilmente com um relaxamento e, ato contínuo, comece a preparar o seu banho. Normalmente, as receitas antigas de banhos referem-se a banheiras, mas como esse acessório não é tão comum nos dias de hoje quanto era antigamente, daremos orientações para que os banhos sejam feitos também de outra forma – mediante o enxágue – pois do contrário muita gente não poderia fazer.

Banho de banheira

Primeiramente, encha a banheira com água suficiente para cobrir todo o seu corpo. Depois, junto à banheira, mentalize o objetivo do seu banho e deposite na água o óleo indicado.

Feito isso, peça permissão aos elementais da água e entre na banheira, mantendo o estado anteriormente induzido de relaxamento; contudo, mantenha a consciência bem desperta quanto aos seus objetivos. Ou melhor, afirme seus objetivos verbalmente; expresse-os em voz alta, de forma bem clara e definida e, se conseguir tranquilidade mental suficiente, visualize-os. Sinta, por fim, a energia envolvente que se formará ao seu redor. Deixe-se envolver e sinta o seu corpo se recarregando energeticamente, sendo limpo de todas as impurezas e negatividades e note que, pouco a pouco, sua energia se recarrega.

Permaneça imerso na água de dez a quinze minutos. Se for possível, mantenha um incenso suave aceso e coloque uma música para tocar, também suave e relaxante.

Passado esse tempo, saia da banheira, agradeça pela energia recebida e deixe-se secar por alguns instantes. A seguir, envolva-se em uma toalha limpa e seque-se normalmente, com suavidade.

Se dispuser de tempo para usufruir melhor do bem-estar do seu banho, coloque uma roupa bem leve, deite-se e deixe a mente flutuar. Do contrário, vista-se como convier e dê continuidade às suas atividades normais, como se nada tivesse acontecido.

Banho de enxágue

Não dispondo de uma banheira, comece a preparar o seu banho de enxágue, que lhe trará os mesmos benefícios.

Inicie com um relaxamento e conscientização dos seus objetivos.

A seguir, pegue um jarro grande, de vidro ou cerâmica, e despeje nele água morna até uns quatro dedos da borda. Mentalize o que pretende com esse banho e despeje o óleo indicado na água do jarro, dirigindo-se ao elemento Água e pedindo-lhe que conduza os efeitos daquele aroma até você.

Mantenha o jarro com o seu banho preparado ao lado do *box* e tome o seu banho de chuveiro; mas, antes de entrar embaixo da água, peça permissão aos elementais e adote uma postura reverente. Coloque na esponja de banho de duas a cinco gotinhas do mesmo óleo colocado no jarro e esfregue todo o corpo com o intuito de limpá-lo de toda e qualquer impureza. Para que a esponja deslize melhor pelo corpo, utilize sabonete, da mesma forma como você faria em um banho comum. Acabado o banho, desligue o chuveiro, pegue o jarro e segure-o com ambas as mãos, mentalizando os seus objetivos e fixando-os bem. Expresse-os verbalmente e, em seguida, despeje o conteúdo do jarro sobre todo o corpo, inclusive a cabeça, buscando visualizar seus objetivos. Depois de despejar toda a água aromatizada no corpo, mantenha-se em pé, em relaxamento, sentindo seu corpo ser energizado – as impurezas foram retiradas com a bucha e, agora, o enxágue o purifica e revitaliza. Permaneça em pé por mais algum tempo, deixando-se secar naturalmente, e depois pegue uma toalha limpa e enxugue-se com suavidade.

Se tiver tempo para continuar o processo, faça como indicado no final do *banho de banheira*.

Banho de chuveiro

Uma outra forma simples e muito gostosa de tomar o seu banho aromático é no tradicional banho de chuveiro. Para preparar esse banho você deve providenciar um saquinho de *tule* ou de algum outro tecido bem fino, com diâmetro suficiente para envolver a base do seu chuveiro e, nesse saquinho, colocar um chumaço de algodão embebido com algumas gotas do aroma com o qual você queira se banhar. Prenda esse saquinho no chuveiro, mentalize seus objetivos – se quiser, expresse-os verbalmente – abra a torneira e deixe a água cair abundantemente sobre o seu corpo.

DEFUMAÇÃO — VAPORIZAÇÃO

Na vaporização, o perfume se espalha por meio do vapor, e na defumação, através da fumaça – e em ambos os casos, o elemento ativo é o Fogo.

Felizmente, hoje em dia não se precisa mais acender uma fogueira com madeiras perfumadas para conseguir espalhar um perfume por meio da fumaça, pois existe à venda uma grande variedade de recipientes próprios para defumação e vaporização, também conhecidos como difusores ou aromatizadores, em que o elemento Fogo faz com que o perfume se espalhe pelo ambiente na forma de fumaça ou de vapor.

Defumação

Na defumação, ervas perfumadas são misturadas ao carvão que normalmente se utiliza no recipiente defumador, onde são queimadas, liberando a fumaça perfumada. Mas a fumaça perfumada também pode ser liberada por meio da queima de incensos, que se encontram à venda na forma de varetas ou de pequenas barras, nos mais variados aromas.

O uso do incenso ou do defumador é fundamental nos processos ritualísticos, em que, apesar de a fumaça ser acionada a partir do elemento Fogo, eles representam o elemento Ar.

Esclarecendo: todo altar preparado para um ritual precisa conter representantes dos quatro elementos: o *Fogo* é representado pelas velas acesas; a *Água*, por um recipiente cheio de água; a *Terra*, por um recipiente com sal; e o *Ar*, pela fumaça do incenso ou do defumador.

Terapeuticamente, os incensos e defumadores são mais utilizados para "limpeza" do que para tratamento, propriamente dito. O terapeuta pode utilizá-los para "limpar" energeticamente o seu local de trabalho ou a própria pessoa a ser tratada, quando sentir que sua energia está muito densa e carregada. Também as pessoas que trabalham com atendimento ao público, seja na área de cura ou na leitura de oráculos, não dispensam um bom incenso de proteção energética durante seus atendimentos e, no final do dia, um incenso de limpeza.

Como representantes do elemento Ar, os incensos são ótimos companheiros em meditações e relaxamentos, pois fazem o pensamento voar, literalmente. Não os dispense. Se sentir que a fumaça incomoda, coloque-os a certa distância, de forma que só lhe chegue a suavidade do aroma; contudo, se não se sentir incomodado, um excelente exercício é concentrar-se na fumaça do incenso, acompanhando suas ondas, suas espirais, seu movimento ondulado e serpenteante... Pequenos silfos podem aparecer à sua frente e, tão delicadamente como aparecem, também desaparecem, com incrível doçura e excitante malícia.

Vaporização

Já na vaporização, as gotas de óleo são colocadas em um recipiente com água sob o qual se acende uma vela. Existem muitas formas de vaporizadores ou aromatizadores à venda – de cerâmica, de madeira, de pedra-sabão, de alumínio – e todos consistem de pequeno recipiente para colocação de água e óleo aromático suspenso sobre uma base, na qual há um lugar reservado para se colocar uma pequena vela. A chama da vela aquece o recipiente, que coloca a água em ponto de ebulição e faz exalar o vapor que perfuma o ambiente – essa é a forma mais comumente utilizada em aromaterapia.

Geralmente, a vaporização é utilizada em paralelo com alguma atividade física e tem a finalidade de fazer com que a vibração aromática penetre no organismo de uma forma mais sutil e indireta, pois não se fica debruçado sobre um aromatizador aspirando diretamente o vapor, mas deixa-se que este invada o ambiente e impregne tudo à sua volta.

Um aromaterapeuta poderá orientar seu cliente a aspirar determinado aroma enquanto faz uma sequência de exercícios respiratórios ou durante um relaxamento, como também poderá pedir-lhe que aspire um aroma durante uma hora todos os dias, independentemente da atividade que estiver desenvolvendo... Não há regras definidas para se aspirar um perfume e as orientações específicas só poderão ser fornecidas por um aromaterapeuta, que saberá a que prática associar o uso do aroma.

Em linhas gerais, podemos dizer-lhe: fique à vontade. Veja as propriedades dos diversos óleos essenciais e use-os com moderação. Comece colocando apenas duas gotinhas de óleo no aromatizador, pois por mais que você saiba qual a propriedade do aroma, precisa saber, na prática, como ele interage com você.

Para vaporizar um aroma você não precisa fazer qualquer ritual. Por exemplo: se quer se concentrar nos estudos, antes de começar a estudar coloque no aromatizador algumas gotas de um óleo essencial em cujas propriedades se encontre a atenção e a concentração (pode ser óleo de mirra ou qualquer outro ligado a Saturno)... Ou então, se você precisa de uma boa e repousante noite de sono, coloque duas gotinhas de óleo de lavanda no aromatizador antes de se deitar... – as propriedades do aroma agirão por si. E saiba que por mais trivial que possa parecer o ato de colocar algumas gotas de óleo essencial no aromatizador e acender-lhe a velinha, isso não deixa de ser um pequeno ritual que proporciona uma indescritível sensação de ligação com os Planos Superiores, sensação essa que se manifesta em uma postura de reverente respeito e permite que nos sintamos envolvidos por uma energia que vai muito além da nossa. Descubra a energia de cada aroma e desfrute-a, pois ela está ao nosso inteiro dispor!

Aspersão

A "aspersão" é uma outra forma, ainda pouco difundida, de utilização dos aromas. O seu efeito é tão simples e agradável que muitas pessoas, quando me veem aspergindo um aroma, pensam que estou brincando... E não deixam de ter razão, pois borrifar água, em qualquer situação, sempre tem um toque de brincadeira! Quem não se lembra, com uma ponta de irreverente alegria, de um dia, quando criança, ter brincado de jogar água nos outros? Para as crianças de hoje, esse tipo de brincadeira/transgressão talvez nem faça tanto sentido quanto a um tempo atrás, quando as crianças, para desespero das mães, não deixavam escapar a menor oportunidade de brincar com água. Lembro-me até de que eu e minhas primas escondíamos cuidadosamente as bisnagas plásticas que ganhávamos no carnaval para depois, inesperadamente, surpreender os outros com um jato de água, mas isso é outra história...

Vamos à aspersão: compre um frasco de borrifar água em plantas (daqueles que têm uma válvula de pressão), encha-o com água mineral ou filtrada e pingue de vinte a trinta gotas de óleos essenciais, escolhidos de acordo com as suas necessidades (o que eu faço para harmonizar energeticamente a minha casa compõe-se de quinze gotas de lavanda, dez de bergamota e cinco de alecrim). Feche o frasco e borrife essa "aguinha perfumada" pela casa toda. Borrife sempre a uma altura superior à da sua cabeça e deixe o orvalho delicado cair. Aplique inclusive e principalmente sobre você e sinta o frescor que proporciona. De vez em quando costumo adicionar outras vinte gotas de floral de *rescue* e sinto-me ainda mais protegida.

Experimente. Deixe o seu lado criança brincar de "água perfumada"... E não se esqueça de que ao lidar com o elemento Água está lidando com o seu lado emocional, o que é muito benéfico, principalmente no momento atual, quando todo mundo parece fazer questão de ocultar as emoções, inclusive de si mesmo.

Apêndice

Guia Prático para Escolha e Utilização de Perfumes

Muitas são as aplicações dos perfumes. São tantas que fica difícil classificar. Neste apêndice, optamos por agrupá-los em quatro grupos: os perfumes do amor, do dinheiro, da saúde e os de uso variado.

As indicações que damos aqui não seguem os princípios clássicos da aromaterapia, mas reportam-nos ao uso tradicional e popular que, profana ou misticamente, sempre se fez dos perfumes. Buscamos contar um pouquinho da história mágica e mitológica de cada perfume indicado, bem como um pouco da sua própria história, reportando-nos às suas origens, sempre que foi possível obter tal informação.

A intenção deste apêndice, e talvez agora refletindo melhor sobre ela, não é só mostrar algumas formas práticas de se utilizar este ou aquele aroma para tal ou qual finalidade, mas sim deixar claro a enorme gama de possibilidades que se tem quando se trabalha com perfumes e, mais ainda, quando se trabalha com o seu lado mágico. E por mais que a ciência nos mostre todas as propriedades terapêuticas das plantas aromáticas e, consequentemente, dos perfumes, o fascínio maior, quando se entra nesse mundo das essências, fica por conta da magia e do encanto sedutor que essas diminutas partículas exercem sobre nós.

É misterioso, por mais que se saiba como as partículas odoríferas operam dentro de nós, deixar-se levar pelas memórias infindáveis que um aroma pode evocar...

É misterioso usar um perfume e inebriar a pessoa amada, levando-a às raias da paixão e da loucura...

É misterioso gozar do relaxamento e do bem-estar que um aroma pode nos proporcionar...

É misterioso recuperar-se energeticamente após aspirar um perfume...

É misterioso quebrar um encanto sob a ação de um perfume...

Quando se fala em perfume, é tudo muito misterioso, e o mistério nos atrai profundamente.

Neste capítulo, mais que aprender os perfumes bons para atrair amor, dinheiro, saúde e outras coisas mais, você vai ativar a sua sensibilidade para todas as possibilidades contidas nos perfumes e vai descobrir o fascinante mistério de usar os perfumes como melhor lhe convier, aliando-se a eles com tamanha cumplicidade que não tardará a "inventar" suas próprias poções para determinar os rumos de muitas situações em sua vida.

Isso vai despertar os seus poderes mágicos? Talvez.

Os toques necessários, fizemos questão de mantê-los todos. Se há um mago ou uma feiticeira dentro de você, certamente nada lhe passará despercebido. Cada palavra será absorvida com avidez e cada sugestão de uso de um perfume que se identifique com algum secreto propósito guardado nas profundezas do seu ser será testada e incrementada com a sua sabedoria pessoal.

Isso tudo é muito fascinante. É o mundo da magia, como já dissemos. E para finalizar, advertimos apenas que a magia é uma só. Ela não tem cor, como muita gente costuma rotular – magia branca, magia negra – tampouco se baseia em conceitos como *bem* e *mal*. Magia é manipulação energética, apenas isso. Entretanto, o uso que se faz da magia é pleno de intenções, e são as intenções que determinam se uma magia será feita para o bem ou para o mal – e quem determina as intenções é você. Portanto, faça o melhor uso possível das informações que estamos lhe oferecendo.

Se alguém lhe ensinar uma receitinha infalível para conseguir determinada coisa e disser, em tom tranquilizador: "não se preocupe que é magia branca", saiba que isso não existe. A mesma magia pode ser branca para uns e negra para outros – nunca se esqueça disso.

Diz a máxima thelêmica: "faz o que tu queres, há de ser o todo da lei", e a lei é inexorável. Portanto, resta-nos saber querer para que bem possamos fazer, sem deixar que o peso da lei recaia sobre nós.

Perfumes do Amor

Âmbar

Indicação: Tônico sexual
Modo de usar: Vaporização

Comentário

Desde os tempos imemoriais o âmbar tem sido utilizado como pedra ornamental, ainda que seu principal tesouro seja o perfume, que antigamente era extraído ao se aquecer essa resina. A história mágica desse agradável perfume nos leva aos antigos povos alemães, que utilizavam a resina de âmbar para ambientar seus ritos e sacrifícios diários.

Também os povos do sul da África utilizavam-se magicamente da resina de âmbar, misturando-a com terra e flores para depois espargir a mistura na porta da casa da bem-amada com o intuito de conseguir o seu amor.

Aplicação

Vaporização é a melhor forma de usufruir das propriedades tonificantes do âmbar. Havendo clima propício ao romance, um dos parceiros deve colocar algumas gotas de âmbar no aromatizador e deixar que o perfume se espalhe enquanto se preparam para o amor. Entre os preparativos, e para melhor absorver o aroma, deve-se fazer uma sequência de respiração coordenada – frente a frente, com os olhos bem abertos e olhando um para o outro, os parceiros devem procurar estabelecer um mesmo ritmo respiratório, que a princípio deverá ser conscientemente marcado, mas que em poucos minutos se tornará fluente e espontâneo – que permitirá a ambos tonificar-se e erotizar simultaneamente.

Outra forma, talvez mais simples, de usar o âmbar é vaporizar antecipadamente o aposento no qual se irá fazer amor, de forma que o mesmo fique totalmente impregnado pelo aroma.

Camélia

Indicação: Expansão do amor
Modo de usar: Vaporização

Comentário

Eis aqui um perfume que a tradição define como sendo "dos belos milagres". Sim, belos porque a camélia é uma planta de singular beleza, de aroma suave e delicado. Esqueçamos as transmutações alquímicas (ninguém vai transformar o feio em bonito) e pensemos na conquista da verdadeira beleza; daquela beleza autêntica e que se reflete no olhar, em um movimento do corpo, em um gesto – é essa a beleza que o perfume da camélia nos ajuda a descobrir e a expressar.

A camélia é de origem oriental, muito embora não se tenha certeza se é proveniente da China ou do Japão. Nesses países, essa flor simbolizava a fugacidade e a efemeridade das coisas, tanto quanto a primavera e a beleza. Alguns tratados orientais até mesmo incluem-na em seus remédios e compêndios terapêuticos de beleza.

Aplicação

A melhor maneira de aproveitar o poder das camélias é por meio do banho.

Quanto ao preparo de um banho, já discorremos anteriormente. As indicações que faremos aqui visam tão somente orientar a realização de um pequeno ritual para que as propriedades do perfume possam ser melhor assimiladas. Faça o seguinte: deixe à mão tudo o que for precisar para o seu banho e, em seguida, acomode-se confortavelmente (não precisa ser necessariamente no mesmo aposento em que tomará o banho), respire profundamente e relaxe. Quando se sentir bem relaxado, dirija-se tranquilamente ao local onde tomará o banho, coloque dez ou quinze gotas de perfume de camélia entre as mãos e faça uma afirmação, que ajudará a dirigir a energia do perfume para você:

"Que o puro espírito deste aroma impregne a água em que o depositarei e juntos façam fluir em mim a energia necessária para potencializar minha beleza interior, tornando-a visível no que não se vê e perceptível no que não se percebe, para que a verdadeira essência se exale, se expanda e se mostre em um movimento de puro amor. Assim seja!"

Em seguida, introduza-as na água (da banheira ou de um jarro), deixando que o aroma de suas mãos se transfira para a água, e se banhe com prazer. Durante o banho, procure manter a tranquilidade e o silêncio mental, deixando-se envolver pela energia da camélia.

Coco

Indicação: Fins amorosos
Modo de usar: Banho e unção

Comentário

Desde a Antiguidade já se conheciam as propriedades do coco, pois dele se extraía o óleo para fabricar sabões e uma série de outros excelentes artigos, todos eles muito benéficos para a pele. É à noite que o coqueiro oferece seus frutos, é à noite que os cocos caem e, portanto, é à noite que os perfumes extraídos do coco tornam-se mais intensos, e é quando se deve usá-los.

Sabe-se que os havaianos untavam seus cabelos e corpos com óleo de coco perfumado para combater os efeitos do sal do mar sobre a pele. Preparavam também o seguinte creme aromático: rala-se a polpa de um coco, coloca-se em uma tigela e deixa-se ao sol. Depois, e sem tirar do sol, acrescenta-se água – o calor do sol faz com que o óleo do coco se separe, formando um creme.

Talvez pelo aspecto externamente feio e inodoro, pouca gente dá ao aroma do coco o *status* de perfume, mas não poderíamos deixar de citá-lo, pois ele é originário de ambientes exóticos – de lugares paradisíacos, como as ilhas do Pacífico, ou completamente áridos, como os grandes desertos – e, portanto, é um perfume especial.

Aplicação

Existe algo melhor para aromatizar a pele do que um bom banho acompanhado por uma boa fricção? Como estamos trabalhando para fins amorosos ou de atração sentimental, é importante que se consiga visualizar o próprio magnetismo desprendendo-se do corpo. Para facilitar o processo, inicie-o com um bom relaxamento e mantenha o estado alcançado durante toda a atividade.

No banho, que será feito com dez gotas de perfume de coco, procure ver a sua imagem envolta em uma aura avermelhada, simbolizando a emanação amorosa.

Após o banho, coloque algumas gotas do perfume nas mãos, esfregue-as uma na outra e faça a unção, com uma leve massagem, nos pés e na barriga das pernas, afirmando em voz alta:

"Ungido foi o filho de Deus, ungido serei eu, que aromatizo minha pele e potencializo a atração que as outras pessoas sentem por mim. Que exalando este aroma eu atraia o amor para a minha vida".

Morango

Indicação: Para o amor
Modo de usar: Unção

Comentário

Para falar da origem desse perfume, teríamos de remontar à própria origem do homem, que desde seus estados mais primitivos já conhecia a fragrância do morango – perfume vivo, de odor agradável e que simboliza os desejos terrestres, muito especialmente os amorosos.

Do ponto de vista médico, o morango tem efeito adstringente e antidiarreico e, se combinado com água de flor-de-laranjeira, é diurético.

A magia do perfume de morango baseia-se em seu poder amoroso, que não só é capaz de atrair poderosamente, como também de alegrar a alma e avivar os desejos.

Aplicação

Estamos diante de um perfume que aviva os desejos e amplia o magnetismo pessoal, ideal para a unção em locais específicos. Relaxe, coloque duas gotas do perfume na ponta dos dedos, espalhe-as delicadamente nos pulsos e invoque:

"Dê-me amor, ó Adonai!"

Em seguida, coloque uma gota desse aroma debaixo de cada lóbulo das orelhas e invoque:

"Dê-me amor, ó Elohin!"
Finalmente, deposite uma gota na testa e outra no queixo e conclua:

"Dê-me amor, ó Iaheve!"

Feitas as unções, visualize em sua tela mental a pessoa amada, observando cada detalhe do seu rosto, passando, em seguida, à invocação:

"Pelo amor de Adonai, pelo favor de Elohin, pela beleza de Iaheve. Pelos sagrados nomes de Adonai, Elohin e Iaheve, peço às esferas planetárias, aos gênios e aos arcanjos que exaltem minha beleza e avivem o desejo do meu ser amado para comigo. Por Adonai, por Elohin, por Iaheve – Eu decreto!

Para facilitar e ampliar o poder da visualização, tenha na sua frente uma foto do ser amado.

Lavanda

Indicação: Reconciliação de amor
Modo de usar: Vaporização e unção

Comentário

Esse perfume procede de uma flor que remonta ao tempo dos romanos, ainda que não se deva excluir seu uso entre os mágicos e poderosos druidas. A lavanda foi uma flor particularmente religiosa, a flor da pureza e da virtude; seu perfume ou essência era usado nos dias festivos para borrifar o chão das igrejas e das casas.

Suas grandes aplicações na medicina, entre as quais cabe destacar o uso em tratamentos de sífilis e na cura de problemas dermatológicos, converteram a lavanda, desde as suas origens, em uma planta mágica por excelência. Na Toscana (Itália), chegou-se a afirmar que o uso da lavanda protegia contra a má sorte; contudo, não se deve exagerar e converter em mágicas as suas propriedades medicinais, pois não o são.

Essa planta, que emite um odor particularmente reconciliador e relaxante, caracteriza-se por suas propriedades de equilíbrio, já que sua essência, segundo a tradição, favorece os que têm desarmonia entre o corpo e a alma.

Não osbtante, o principal uso em quase todas as culturas tem sido para fins amorosos, mais concretamente para reconciliação. No Império Romano e parte de seus domínios, costumava-se impregnar com lavanda a casa ou o leito do casal quando se desejava resolver desavenças conjugais, pois se acreditava que o relaxamento produzido trazia a limpeza da situação.

Aplicação

Encontramos duas opções para utilizar esse perfume: unção e vaporização, ambas complementares e devendo ser usadas ao mesmo tempo, com moderação.

Em ambos os casos, requer-se um estado mental relaxado e concentrado na operação a realizar. Mesmo assim, é bom fazer uma visualização: tem-se que ver a discussão entre o casal como um distanciamento tenso, mas não como uma ruptura ou separação, que são coisas muito diferentes. Logicamente, deverá ter ocorrido uma circunstância para que o casal tenha chegado às raias da separação e, evidentemente, o clima entre ambos estará tenso e divergente. O perfume não solucionará o problema, mas poderá mitigar a negatividade do ambiente, exercendo um efeito relaxante entre as pessoas envolvidas, favorecendo assim uma reconciliação ou proporcionando a tranquilidade necessária para uma discussão esclarecedora.

Dado que a solução de um problema é bem-vinda a qualquer hora, não há necessidade de se determinar uma faixa horária adequada ao uso desse perfume, de forma que deixamos isso a critério dos envolvidos. Recomendamos apenas que se espere a vaporização começar a fazer efeito antes de tentar solucionar o problema.

Para a vaporização, deve-se levar em conta a importância de criar um bom ambiente, razão pela qual recomendamos vaporizar a casa toda.

Feita a vaporização, deve-se realizar a unção. Para isso, deve-se fazer um breve relaxamento e repetir mentalmente:

*"Posso perdoar, sou capaz de perdoar.
Posso escutar, sou capaz de escutar".*

Essa simples afirmação não é mais que uma ordem mental a ser repetida enquanto se efetua a unção. São palavras muito simples que motivarão seu inconsciente e o prepararão para a futura reconciliação, evitando um estado alterado se ocorrer uma nova discussão durante a tentativa de reconciliação.

Sem deixar de repetir a afirmação, devem-se molhar as pontas dos dedos médios de cada mão com algumas gotas de lavanda e depois tocar os seguintes pontos do corpo, mantendo-os no ponto por uns três segundos para impregnar: sobrancelhas (com ambos os dedos ao mesmo tempo), lóbulos das orelhas (orelha direita com o dedo esquerdo e esquerda, com o direito) e os pulsos (ambos ao mesmo tempo, de forma a manter palma sobre palma).

Permaneça assim por alguns segundos e depois passe para o diálogo com o seu parceiro ou parceira.

Narciso

Indicação: Busca de amizade
Modo de usar: Vaporização

Comentário

O narciso tem o nome do personagem mitológico Narciso, que era filho do rio Cefiso e possuía uma grande beleza. Afrodite castigou-o, condenando-o a enamorar-se de si mesmo, e Narciso morreu afogado ao tentar colher sua imagem no espelho das águas de um rio. Mesmo assim, Plínio acredita que o nome dessa flor provém de "narkao", que significa paralisia, devido aos efeitos letais que o narciso produz ao ser ingerido. Essa flor simboliza a beleza carente de sentimentos, contemplativa, introvertida e absoluta. Seu mito é uma manifestação do Plano Cósmico e não do Plano Sexual.

O narciso não tem a mesma interpretação em todas as culturas. Para os chineses, essa flor e aroma significam sorte, já que floresce no Ano-Novo chinês; no Oriente Médio, diz-se que sempre teve efeitos afrodisíacos, enquanto para os magos ocidentais, sabe-se que o narciso estimula o contato com as pessoas, reforçando a personalidade e o eu interior.

Diz-se que o perfume do narciso não deve nunca ser aplicado diretamente sobre a pele para que seus efeitos não atuem em nós mesmos, mas sim nas pessoas que nos rodeiam.

Aplicação

Estamos perante um perfume que amplia as qualidades de cada ser humano, muito embora não os faça conseguir amizades imediatamente.

Por ser um perfume que não se pode aplicar sobre a pele, ficam excluídos o banho e a unção do corpo, restando como melhor aplicação a vaporização. Ainda que nem sempre você possa carregar um vaporizador, proceda assim: acenda a velinha do aromatizador, deposite sete gotas de essência no recipiente com água e, assim que ela entrar em ebulição, impregne um pente ou uma escova com o vapor e penteie os cabelos, que captarão a fragrância do aroma.

Ao pentear os cabelos, faça a seguinte afirmação:

*"Este aroma, impregnado em meus cabelos,
será o veículo potencializador das minha qualidades,
fazendo com que eu alcance uma amizade".*

Pinho

Indicação: Aumenta a atração
Modo de usar: Unção

Comentário

Os frígios escolheram o pinheiro como árvore sagrada e associaram-na ao culto de Átis. O pinheiro teve grande importância em todo o litoral mediterrâneo e esteve presente em muitos templos gregos, romanos e celtas. Hipócrates exaltava-o pelos benefícios que trazia e pela sua influência na cura de afecções respiratórias, enquanto os antigos médicos árabes utilizaram os aromas do pinheiro para curar enfermidades pulmonares. Na mitologia, o pinheiro é considerado o mais significativo símbolo da imortalidade.

Passar por um local em que haja pinheiros estimula nosso corpo devido à fragrância seca que flutua no ar, mas também nos contagia com sua energia e força. O aroma do pinheiro também tem relação com dinheiro; sua essência engendra energias que atraem o dinheiro. Magia ou superstição, é bom saber que espalhar folhas de pinheiro na entrada de uma casa ajuda a atrair bem-estar, sorte e fortuna. E mais: perfumando com essência de pinho o seu dinheiro e o bolso, ou a bolsa onde fica guardada a sua carteira, pode atrair mais abundância. Não custa tentar!

Nos rituais mágicos, esse aroma é utilizado para aumentar a energia da pessoa. Feiticeiras também utilizavam-no em casos de infertilidade, já que a pinha é considerada um símbolo da fertilidade. Para finalizar, cabe indicar que o aroma do pinheiro, conhecido como pinho, sensibiliza o cérebro e chegou a ser utilizado como potencializador da atração no amor, sendo este um de seus melhores usos.

Aplicação

Esse é um perfume de amor que deve ser usado mediante unção, aplicado com especial carinho em algumas zonas erógenas. É um perfume que deve ser aplicado antes de um encontro e em estado de relaxamento, preferencialmente visualizando-se a imagem da pessoa amada. Aplique-o nos seguintes pontos: tornozelos, parte posterior do joelho, axilas, meio do peito, atrás do lóbulo de cada orelha e nuca – uma gota em cada ponto.

Esse perfume dispensa qualquer ritual e sua função é ativar a atração pelo odor.

Arruda

Indicação: Acalma as emoções
Modo de usar: Banho

Comentário

O perfume da arruda provém da Ásia Menor e da bacia do Mediterrâneo. Já era conhecida pelos gregos por suas propriedades terapêuticas. Os romanos conheciam as propriedades abortivas dessa planta, assim como as bruxas e feiticeiras, que a utilizavam mas evitavam aspirar seu aroma que, para elas, era repelente. E apesar de ser utilizada em muitos feitiços, contraditoriamente, a sua grande propriedade é a de "cortar" feitiços e todas as más influências.

Para algumas pessoas, a arruda possui um cheiro desagradável, mas em matéria de aromas, a verdade é que não podemos emitir um juízo definitivo, já que sempre se impõe o gosto pessoal.

A arruda acalma as emoções e, inclusive, ajuda a superar o ciúme, levanta-nos das depressões e nos permite enfrentar com vigor as decepções amorosas.

Aplicação

Esse perfume permite que, após um banho, acalmemo-nos em relação a problemas amorosos como ciúmes, desenganos, discussões, etc. É um perfume que alivia o espírito e desintumesce os sentidos. Após um banho relaxante, devem-se depositar três gotas de essência em uma esponja natural e esfregá-la sobre o coração, em movimentos circulares e no sentido anti-horário, fazendo tantos círculos quantas forem as letras do nome da pessoa amada.

Potencialize a massagem com esta afirmação:

"Meus problemas se diluem com esta massagem.
Com ela, esqueço-os, assim como esqueço meus ciúmes.
Com ela acalmo meu espírito e todo o meu ser, tranquilizando meu coração enfurecido".

Baunilha

Indicação: Afrodisíaco
Modo de usar: Banho

Comentário

Esse perfume é extraído de uma planta trepadeira típica da América Central e também do Havaí, utilizada tanto na indústria alimentícia quanto na de perfumes. É possível que os antigos habitantes do continente americano conhecessem as virtudes dessa planta, mas lamentavelmente há poucos testemunhos de que assim tenha sido, já que não foi ainda possível decifrar todos os escritos que os antigos nos legaram.

A baunilha é um perfume doce e agradável que desperta paixões e apetites em homens e mulheres. Segundo a tradição, as mulheres devem pôr algumas gotas de tintura de baunilha atrás das orelhas para atrair os homens.

A utilização da baunilha na culinária também deve ser vista sob o ponto de vista mágico, pois é aí principalmente que ela desperta apetites, incitando o prazer.

Aplicação

Esse é um perfume de amor e sexo, que fortalece quem o usa, ampliando o seu rendimento durante o ato sexual.

Para o bom aproveitamento desse aroma, devem-se diluir vinte gotas na água do banho, que deve ser longo e relaxante.

Durante o banho, você deve visualizar uma bola energética de tonalidade avermelhada penetrando em seu cérebro e em seu sexo, visto que não há atividade sexual sem a cerebral correspondente, e vice-versa. Devemos lembrar que a aplicação do perfume de baunilha é também muito apropriada para exaltar encontros amorosos.

Recomendamos que o ato sexual seja praticado em ambiente vaporizado com perfume de âmbar.

Violeta

Indicação: Estimulante amoroso
Modo de usar: Banho e vaporização

Comentário

Em seu livro *Filosofia Oculta,* Cornélio Agrippa utiliza a violeta em uma receita para predizer o futuro. Ele recomenda a fumigação com um preparado de sementes de linho, zaragatoa, raízes de violeta e aipo – é possível que esse preparado funcionasse no que diz respeito a adivinhar o futuro amoroso, mas Agrippa não especifica isso em seu livro.

A violeta é conhecida há séculos e seu aroma é utilizado especialmente em magia para despertar o amor em outras pessoas. Não podemos qualificá-la como afrodisíaca, pois ela estimula o despertar de um amor sem paixões, um amor mais envolvente, suave e perene.

Aplicação

Estamos diante de um perfume de amor que não suscita paixões, mas sim amplia o amor já conhecido e atrai o desconhecido, se bem que não o faça de uma forma irreversível.

A aplicação desse perfume deve ser feita mediante banho e unção.

O banho deve ser feito quando se tiver a intenção de procurar um parceiro. Basta colocar de cinco a sete gotas de perfume na água do banho e banhar-se durante uns dez minutos, decretando mentalmente:

"Este aroma potencializa minhas qualidades internas, meu amor, meu magnetismo e meu encanto".

Terminado o banho, a pessoa ungirá cada um desses locais com uma gota de perfume: tornozelos, joelhos, palmas das mãos, lóbulos das orelhas e nuca.

Enquanto faz a unção, continue decretando. Se quiser adoçar ainda mais o seu campo energético, faça todo esse procedimento mantendo o ambiente aromatizado com três gotinhas de perfume de morango.

PERFUMES DO DINHEIRO

Urze

Indicação: Trabalhos difíceis
Modo de usar: Vaporização

Comentário

Da planta da qual procede esse aroma extrai-se uma madeira que certas culturas antigas utilizavam para a confecção de cachimbos sagrados que, por aguentarem muito bem a combustão e emitirem um odor muito agradável durante a mesma, eram usados em cerimônias e ritos muito transcendentes para o grupo tribal.

Existem várias utilidades para esse perfume, ainda que todas relacionadas entre si. O aroma de urze é iniciático, desperta a mente e busca clareza para quem tem dúvidas, tanto que alguns xamãs utilizaram-no para guiá-los no caminho para o além. Também sabemos que defumadores com o perfume de urze eram mantidos acesos dia e noite em templos orientais, pois essa essência "agradava aos deuses" que, assim, se mantinham no lugar sagrado.

Por ser um aroma ideal para reflexões sobre o trabalho e para a elaboração de projetos, modernamente ele é muito utilizado no mundo dos negócios.

Aplicação

Sempre mediante vaporização.

Antes de começar a desenvolver o projeto ou refletir sobre um determinado trabalho, devem-se colocar algumas gotinhas desse perfume no aromatizador e deixar que ele invada o local, tornando-o adequado ao pensamento e à reflexão.

Diz a tradição xamânica que o aroma de urze é capaz de "criar" na mente da pessoa, de eliminar suas dúvidas e de impulsionar a criatividade, motivo pelo qual se deve ficar muito receptivo a todas as ideias que surjam nesse processo, pois o brilhantismo de uma delas, desde que bem recebida, pode mudar definitivamente a sua vida.

Enquanto o aroma se espalha e antes de se concentrar no seu trabalho, afirme mentalmente:

"Minha mente criativa está estimulada. As ideias vão começar a fluir".

Chipre

Indicação: Sorte no jogo
Modo de usar: Unção

Comentário

O perfume oriundo dessa ilha do Mediterrâneo remonta aos tempos mais antigos e legendários. Provém das flores que cobriam as encostas de seu principal monte, o Olimpo, de 1.953 metros de altura – monte sagrado e cheio de lendas mitológicas.

O perfume de chipre já era utilizado na Antiguidade nas velas dos templos do Olimpo, fabricadas com cera natural e depositadas em bandejas de cobre onde repousavam flores, também da ilha.

Esse perfume tem sido, há muito tempo, catalogado como outorgante da boa sorte e de boas influências. Tanto é verdade que, antigamente, as pessoas da ilha de Chipre se aproximavam das ladeiras do monte Olimpo para que o aroma das flores lhes impregnasse o corpo e os deuses lhes propiciassem boa sorte, o que confirma que o perfume de chipre tem um aroma especial para a fortuna e a sorte. Seria algo como um talismã olorífero.

Aplicação

Por ser esse aroma ideal para a sorte, deve ser aplicado mediante unção, para nos acompanhar quando formos comprar um bilhete de loteria ou lançarmo-nos em empreendimentos de risco.

O processo consiste em, relaxado, depositar algumas gotas nas mãos, enquanto decreta mentalmente:

"Com este perfume encontro-me sob a proteção dos deuses do Olimpo e, assim, tenho a minha sorte aumentada o suficiente para ser bem-sucedido neste empreendimento".

Terminado o decreto, devem-se esfregar as mãos de forma que o perfume se espalhe por elas.

Quando chegar a hora de agir, deve-se invocar:

"Pelo poder do chipre e dos aromas que emanam do monte Olimpo, peço que a sorte me acompanhe e me ilumine neste momento".

Madressilva

Indicação: Melhora na economia
Modo de usar: Unção

Comentário

Faz muitos séculos que esse perfume é conhecido na Europa. Diz-se que os sacerdotes druidas já o conheciam e que, da mesma forma que o agárico, existia um ritual de colheita tão importante como o do agárico, efetuado, porém, com a finalidade de pedir permissão à planta antes de arrancá-la.

A madressilva tem um perfume embriagador e tem sido utilizada desde a Idade Média na magia popular, especialmente para ajudar as pessoas a melhorarem suas condições econômicas. Sabe-se também que não existia caverna de feiticeira sem madressilvas pregadas pelas paredes.

Temos nessa planta um potencializador do dinheiro e da economia em geral, especialmente no que se refere às novas rendas ou a rendas inesperadas, o que não quer dizer que sejam rendas provenientes do acaso, mas sim de trabalhos extras, presentes, aumentos inesperados de salário. Seu uso é especialmente recomendado quando se reivindicam melhores ganhos junto ao chefe.

Aplicação

Sua aplicação será sempre mediante unção, já que desta maneira atrairemos sobre nós o eflúvio mágico do perfume que nos favorecerá em determinada circunstância, enchendo-a de êxito.

Para essa prática, deve-se entrar em relaxamento profundo e aplicar algumas gotas do perfume nos pulsos e nas palmas das mãos, enquanto se manifesta mentalmente o desejo de conseguir rendimentos financeiros extras ou se visualiza o sucesso de um pedido de aumento.

É importante que essa operação não seja realizada ao acaso, nem à toa, sendo recomendável reservá-la só para ocasiões especiais.

Heliotrópio

Indicação: Superação econômica
Modo de usar: Unção

Comentário

A flor que produz esse perfume é originária do Peru, onde era venerada pelos incas como uma flor sagrada. No Templo do Sol, utilizava-se essa flor e seu perfume como símbolos da planta que se vira seguindo a direção dos raios do Sol.

Desconhece-se como ocorreu sua introdução na Europa, mas podemos citar como sua homóloga o conhecido girassol.

Eis-nos diante de um perfume solar e, portanto, regido por Apolo, que representa a fecundidade e a produtividade da terra nos cultos antigos; de um perfume que tem um grande simbolismo espiritual e alquímico. Na magia, também por sua relação com o Sol, esse perfume tem a propriedade de atrair a riqueza, que se representa pelo ouro, brilhante como o Sol; mas ele não atrai a riqueza fortuita, e sim a do trabalho esforçado.

Aplicação

Esse aroma deve ser aplicado mediante unção sempre que se for realizar uma entrevista de trabalho, apresentar um projeto, pedir um aumento – situações em que se dependa da aceitação da outra parte. É um perfume para ser usado nas situações de trabalho cotidianas que, muitas vezes, por falta de segurança, acabam sendo desperdiçadas e, assim, deixamos de ganhar dinheiro e também de brilhar profissionalmente.

A aplicação será levada a cabo após um relaxamento. Deve-se fazer a unção nos chacras frontal e laríngeo, unicamente. No frontal, para criar o pensamento do que se quer, e no laríngeo, para que o pensamento seja brilhantemente expresso em palavras ante um superior hierárquico. Faz-se a unção desses dois pontos com três gotas do perfume em cada um, acompanhando-se da oração:

*"São Pancrácio, santo trabalhador, rogue por mim; dê-me sorte neste (mencionar a petição) e eu prometo agradecer sua intervenção com respeito e devoção.
Em nome do Pai + do Filho + e do Espírito Santo +. Amém".*

Essa simples oração não deve ser encarada beatificamente, mas como a expressão de palavras mágicas que com sua vibração produzirão um efeito tanto sobre a pessoa como sobre o ambiente ao seu redor.

Ervas

Indicação: Economia e dificuldades no trabalho
Modo de usar: Unção, banho e vaporização

Comentário

Os perfumes de ervas contêm todo um leque de plantas que são de difícil classificação e que juntas produzem um excelente aroma, usado há muitos séculos.

Entre as ervas que entram na composição de perfumes assim classificados, encontramos a "erva-boa", muito energética, que traz prosperidade e ajuda econômica; o "carmim", empregado na homeopatia e trazido da América há mais de duzentos anos; a "sete-sangrias", muito empregada na medicina; a "erva-de-santa-maria", talvez a mais agradável de odor; a "erva-forte", cheirosa e medicinal; e a "erva-gatera", de aroma intenso e de aplicação na medicina popular.

Quanto à "erva-boa", um feitiço antigo manda que se esfregue nas notas de dinheiro antes de usá-lo.

Aplicação

Eis-nos diante de um aroma suscetível de centenas de possibilidades, que pode ser usado por meio da vaporização, da unção e do banho, tudo isso voltado sempre para a economia e o trabalho, ainda que isso, em si, não faça milagres.

Mediante a defumação, quer seja do local de trabalho ou da própria residência da pessoa, conseguem-se esclarecer as ideias e pôr ordem na mente. E por meio da unção com uma a duas gotas de perfume repartidas entre as mãos antes de fazer um depósito bancário, pode-se facilitar a administração do patrimônio.

Finalmente, diluindo-se sete gotas dessa essência na água do banho, podem-se encontrar novas ideias para otimizar as aplicações financeiras.

Logicamente, em qualquer das três aplicações mencionadas, a pessoa deverá manter a todo momento um estado de relaxamento e emitir as correspondentes ordens mentais seguidas de visualizações:

"Com este aroma ampliarei minha capacidade de rendimento no trabalho".
"Este dinheiro, que minhas mãos ungidas de perfume de ervas tocam, terá um bom uso".
"Desejo novas ideias para realizar minhas aplicações financeiras".

Almíscar

Indicação: Sorte no jogo
Modo de usar: Unção e vaporização

Comentário

Almíscar é o perfume favorito dos jogadores inveterados, seja de jogos de loteria, bingo, cartas ou dados. Por meio desse perfume se invocam os fados do jogo para que nos apoiem em nossa tentativa de sorte.

O jogo, que existe desde a mais remota antiguidade, sempre exigiu a necessidade de invocar um fado determinado, uma estrela-guia para nos iluminar com sua presença, e o almíscar presta-se a essse propósito.

Segundo indicam algumas tradições mágicas, podemos jogar umas tantas gotas de almíscar sobre o nosso bilhete de loteria ou cartela de bingo, mas sempre em um número ímpar de gotas. Também podemos lançar umas tantas gotas sobre o ombro esquerdo antes de sairmos para comprar um bilhete que, esperamos, seja premiado.

Aplicação

Por ser outro dos perfumes para se tentar a sorte, independentemente de se seguir os rituais antes mencionados, recomendamos a unção como melhor prática para aproveitar suas qualidades. Quem deseja arriscar a sorte no baralho ou nos dados, antes de iniciar a partida deverá fazer um relaxamento e ungir cada uma de suas mãos com três gotas do perfume, esfregando-as vigorosamente em seguida e afirmando:

"Agora minhas mãos são portadoras da sorte.
Agora terei toda a sorte de que preciso".

Feito isso, pode dar início à partida.

Outra forma de cativar a sorte pode ser posicionando-se um bilhete de loteria ou uma cartela de bingo sobre a fumaça produzida pela vaporização do perfume.

Patchuli

Indicação: Sorte no jogo
Modo de usar: Banho e unção

Comentário

Esse perfume é originário da Índia, onde também é conhecido como "puchaput". Ele chegou ao Ocidente em 1820, aparecendo pela primeira vez na Inglaterra, onde era utilizado para impregnar os chás que esse país trazia da Índia, na época, sua colônia.

No início do nosso século, o patchuli deixou de ter a importância que tivera antes, recuperando-a depois, nos anos 1960, quando passou a ser utilizado pelos *hippies* para disfarçar o cheiro da fumaça da maconha que fumavam.

O patchuli é um perfume denso e rico, de grande fixação. Seu aroma evoca o da mirra e tem propriedades especiais para a pele. Algumas gotas desse perfume ajudam a manter a pele pura, limpa e rejuvenescida.

É um perfume muito empregado em trabalhos de magia, especialmente para se obter sorte e dinheiro. Na Índia, também é tido como afrodisíaco.

Aplicação

Eis-nos diante de mais um perfume destinado a invocar a sorte nos jogos de azar. Trata-se de um aroma com ritual próprio, que deverá ser realizado antes de se lançar a qualquer tipo de jogo. O primeiro passo desse ritual consistirá em colocar dez gotas do perfume na água em que você irá banhar-se e, em seguida, tomar um banho longo e relaxante. Isso feito, devem-se ungir as mãos inteiras com o perfume, espalhando-o por todas as falanges dos dedos – uma gota do perfume em cada uma delas. Em seguida, devem-se unir os dedos das mãos e, em atitude de prece, dizer:

"Invoco o poder do sagrado patchuli e lhe rogo que derrame sobre mim a sorte e a força que derramou sobre outros jogadores que tiveram a sorte que agora eu terei".

Finalizando o ritual, a pessoa pode ir atrás da sorte, tranquilamente.

Verbena

Indicação: Problemas no trabalho
Modo de usar: Vaporização e unção

Comentário

A verbena é abundante na Península Ibérica, sendo conhecida desde a Antiguidade e utilizada em cerimônias religiosas do esoterismo cristão. Infelizmente, parte de suas aplicações mágicas e esotéricas se perdeu no tempo. Sabe-se, contudo, que tem propriedades curativas e que com essa flor aromática eram feitas conjurações na véspera de São João, além de se jogar verbena nas fogueiras para aromatizar o ambiente.

Terapeuticamente, o perfume de verbena era empregado como expectorante, antirreumático e para curar dores de cabeça, quadro este que era interpretado como se diabos tivessem penetrado na cabeça da pessoa.

Pelo seu poder sedativo e calmante, aconselha-se colocar algumas gotas de verbena sobre o coração; e pela sua capacidade de dissipar energias negativas e divergentes, é recomendável o seu uso em locais muito frequentados e em ambientes de trabalho.

Aplicação

Por ser um perfume de trabalho, talvez seja difícil realizar vaporizações com verbena, mas essa é a melhor maneira de se aplicá-la.

Para dissolver a negatividade de um ambiente de trabalho, basta colocar algumas gotas do perfume no vaporizador e deixar que o aroma atue no local, mas se isso não for possível, podem-se aplicar três gotas do perfume em cada pulso.

A referida unção terá menos força que a vaporização, mas servirá para nos proteger em um ambiente negativo e até mesmo poderá converter-nos em "neutralizadores" da negatividade local (desde que não sejamos naturalmente negativos e com tendência a discussões, é claro).

PERFUMES DA SAÚDE

Canela

Indicação: Circulação sanguínea
Modo de usar: Massagem

Comentário

A canela é uma flor de origem chinesa também encontrada no Sri Lanka (antigo Ceilão), Índia, Vietnã e Malaisia. Sabe-se que os antigos judeus curavam febres e gota misturando a canela com vinho de tâmaras. Por sua vez, na China e em outros países asiáticos, a canela começou a ser usada como condimento e acabou se tornando uma planta medicinal.

O aroma de canela é atrativo e atraente e, em nossos dias, costuma ser associado a uma bela mulher, dando origem a frases como: "tem um perfume marcante e embriagador..." Concretamente, esse perfume tem um grande potencial terapêutico como potencializador da circulação sanguínea, sendo esse seu principal uso, ainda que também possa ser utilizado como estimulante sexual.

Aplicação

Estamos diante de um aroma embriagador, que tonifica o corpo e facilita a circulação sanguínea, e sua aplicação deve ser feita por meio de massagem.

Os terríveis problemas de circulação costumam afetar mais frequentemente as pernas, muito embora também possam se apresentar nos braços, nas mãos e, em determinados casos, na região das costas. Por tudo isso, cada um deve determinar por si os locais de aplicação desse perfume, o que deverá ser feito sempre após um relaxamento. Mantendo-se tal estado, devem-se massagear as partes do corpo mais doloridas ou onde se note uma circulação debilitada. Para fazer a massagem, devem-se colocar cerca de quinze gotas da essência em 30 ml de óleo básico e friccionar o local com movimentos leves e circulares.

O importante nesse processo é massagear em direção ao coração. Por exemplo, se a circulação for deficiente nos pés, massageia-se um de cada vez, indo da ponta dos dedos para o tornozelo (nunca o contrário); se o problema for mais localizado nas pernas, deve-se massageá-las de baixo para cima.

Cedro

Indicação: Problemas da pele
Modo de usar: Massagem, banho e vaporização

Comentário

O óleo que a madeira do cedro produz purifica a pele e age contra erupções cutâneas em geral, além de ajudar no combate ao catarro, se vaporizado.

Aplicação

Esse aroma pode ser aplicado mediante massagem, banho e vaporização, contudo seu uso nunca deve substituir um tratamento médico convencional, devendo ser usado como coadjuvante nos tratamentos convencionais.

Para se usar essa essência na purificação da pele em geral, basta derramar de quinze a vinte gotas da mesma na água do banho e permanecer nela por uns quinze minutos.

Se a utilização visar o alívio de problemas cutâneos, deve-se preparar um óleo de massagem com a essência de cedro e massagear a parte do corpo afetada.

Para isso, coloque um pouco de óleo de massagem nas mãos, esfregue-as uma contra a outra e, então, transfira o óleo para as áreas do corpo que tiverem problemas, lembrando-se sempre de que se houver algum tipo de ferimento ou infecção no local, a aplicação deverá ser evitada.

Se o problema a solucionar for de natureza respiratória, devem-se colocar cinco gotinhas dessa essência no vaporizador e aspirá-la de forma indireta, paralelamente a um tratamento convencional.

Ciclâmen

Indicação: Prisão de ventre
Modo de usar: Massagem

Comentário

Não se conhece concretamente a história desse perfume, mas parece que era utilizado já há muito tempo, tanto no continente europeu como em outros continentes. Sabe-se, contudo, que essa flor só é cultivada em determinadas épocas do ano, exigindo grandes cuidados por sua delicadeza.

Terapeuticamente, podemos destacar o uso do ciclâmen contra as lombrigas intestinais, o zumbido nos ouvidos e a obstipação, sendo esta a principal utilização.

Aplicação

Massagear o ventre com o óleo de ciclâmen é um excelente complemento aos tratamentos contra a prisão de ventre.

Para tanto, deve-se colocar de dez a quinze gotas da essência de ciclâmen em 30 ml de óleo básico, fazer um breve relaxamento e visualizar uma densa nuvem de energia negativa sobre o ventre. A seguir, deve-se colocar um pouco do óleo de massagem na palma de uma das mãos e transferi-lo para o ventre, massageando-o em movimentos circulares, no sentido anti-horário.

Enquanto se realiza a massagem, deve-se visualizar a densa nuvem de energia negativa se desintegrando e, pouco a pouco, desaparecendo. Para auxiliar esse processo de limpeza, deve-se afirmar mentalmente:

"Esta carga energética não me pertence e precisa ser evacuada. Tudo o que há de excesso em mim precisa ser evacuado.

Tão logo essa nuvem se dissipe, evacuarei tudo o que está sobrando em mim".

É recomendável realizar essa massagem à noite, antes de ir dormir, e pela manhã, antes de sair da cama.

Jasmim

Indicação: Repouso mental
Modo de usar: Banho e vaporização

Comentário

Originário da Pérsia (hoje, Irã), o jasmim também pode ser encontrado nos elevados cumes do Himalaia, onde é tido como o "rei das flores". Na China, onde é chamado de "moli", utilizam-no para perfumar o chá e também para facilitar os partos.

O jasmim, um perfume de qualidades mágicas, é utilizado como estimulante em rituais amorosos. Por seu forte caráter psicológico e psicossomático, se aspirado durante a noite, permite um perfeito relaxamento nas horas de sono.

Aplicação

Achamo-nos diante de uma essência que, se utilizarmos em um banho antes de dormir ou se colocarmos umas poucas gotinhas da mesma no aromatizador minutos antes de nos deitarmos, proporcionará a regeneração das células cerebrais e ainda nos dará uma noite perfeitamente repousante.

Para realizar um banho aromático de jasmim, deve-se fazer, antes, um breve relaxamento e, a seguir, dissolver vinte gotas da essência na água em que for se banhar. Em seguida, deve-se tomar um longo banho, durante o qual se visualizará o próprio cérebro movendo-se no embalo de um mar tranquilo. Durante a visualização, emita a seguinte ordem mental:

"Meu cérebro, hoje, descansará e recarregará suas energias".

Para utilizar o jasmim em vaporização, coloque um pouco de água e cinco gotas da essência no recipiente superior do aromatizador e acenda-o cerca de quinze a vinte minutos antes de se deitar, de modo que, ao fazê-lo, seu quarto já esteja suavemente impregnado com a essência. Apague a velinha do aromatizador, deite-se e, cuidando para não adormecer, faça um profundo relaxamento e visualize seu cérebro no suave embalo das ondas de um mar tranquilo. Emita a ordem mental anteriormente descrita e deixe-se adormecer.

Limão

Indicação: Tônico para a pele
Modo de usar: Banho e vaporização

Comentário

O perfume do limão é conhecido desde a mais remota antiguidade nos países do Oriente. É originário do Sudeste asiático e foi introduzido no mundo árabe por volta do ano 1000, devendo sua chegada à Europa situar-se no século XIV. Na Índia, o limão foi e continua sendo um símbolo de amargura.

Como remédio, o limão tem importante aplicação na regeneração da pele, além de ter sido muito utilizado contra o escorbuto e a anemia, por conter vitamina C.

Aspirando-se a essência de limão, ajudamos a conservar nossa saúde e nos beneficiamos de suas propriedades ant-iinfecciosas.

Aplicação

Eis-nos diante de outra das essências ideais para a saúde, que tonifica a pele, se aplicada no banho, e evita infecções, se vaporizada.

No caso do banho, recomendamos relaxar, entrar diretamente na água da banheira ou no chuveiro, colocar cinco gotas do aroma sobre uma esponja e esfregá-la delicadamente sobre a pele. Terminada a massagem com a esponja, coloque dez gotas da essência na água da banheira ou em um jarro, deixe-as diluir-se e banhe-se novamente.

Para prevenir infecções ou limpar possíveis resíduos de vírus em sua casa, tão habituais após uma gripe forte e com catarro, encha o recipiente superior do aromatizador com água, coloque dez gotas da essência de limão e mantenha-o aceso durante cerca de uma hora por dia, ou até que a água se evapore toda. Faça isso durante três ou quatro dias, mantendo a casa bem arejada enquanto a vaporização estiver sendo feita – é o suficiente para uma completa regeneração do ambiente.

Lírio-do-vale

Indicação: Estimulante da memória
Modo de usar: Vaporização

Comentário

Conta a lenda que Apolo descobriu essa planta e, impressionado com o seu perfume, entregou-a a Esculápio. Atualmente, existe outra variedade do lírio-do-vale, que é o lírio-de-florença, também conhecido como íris florentino.

Antes de mais nada, deixamos claro que, devido à sua toxicidade, essa flor não deve ser ingerida de qualquer forma, tampouco a sua essência colocada na água do banho. Resumindo, ela é perigosa.

Não obstante, seu perfume tem uma fragrância muito intensa e não produz qualquer efeito colateral se aplicado sobre a pele.

Terapeuticamente, o lírio-do-vale tem propriedades cardiotônicas e diuréticas, razão pela qual é uma essência que ajuda a equilibrar o coração, as tensões e o estresse e que estimula a memória, acima de tudo.

Aplicação

Eis-nos diante de um perfume ideal para a memória ruim, que pode e deve ser utilizado por estudantes em geral, bastando apenas aspirá-lo mediante vaporização. Uma simples ordem mental emitida durante a aspiração pode potencializar o seu efeito.

Para um correto proceder, coloque cinco gotas dessa essência junto à água do aromatizador, acenda a velinha e, enquanto o aroma se espalha, faça um relaxamento e emita a seguinte ordem mental:

"Cada vez que aspiro esta fragrância minha memória se ativa e se torna mais forte e poderosa.
É aspirando esta essência que dou mais força à minha memória e ao meu cérebro."

Recomendamos vaporizar a essência de lírio-do-vale na hora de estudar ou quando se precisar decorar alguma coisa. Quem tiver problemas mais sérios de memória deve aspirar o aroma por dez minutos, todos os dias, até sentir que está obtendo algum progresso, quando então passará a fazer as vaporizações em dias alternados, até sentir que pode suspender o tratamento.

Nardo (tuberosa)

Indicação: Tranquilizante
Modo de usar: Vaporização

Comentário

Existem muitos tipos dessa flor e de quase todas se extraem excelentes e caríssimas essências. Na Índia, ela é conhecida como "rat ki rami" e "senhora da noite", já que é pouco antes do escurecer que se desprende seu aroma. O nardo indiano é uma das variedades conhecidas, muito aromática e oriunda da região do Himalaia. Cabe destacar que nardo é a flor com que os nativos de Honolulu dão boas-vindas aos turistas.

A essência do nardo é destinada a ações que se vivificam durante a noite e é, portanto, ao anoitecer que devemos utilizá-la. Essa essência acalma e suaviza as emoções, ao mesmo tempo que nos faz recuperar o controle, quando o perdemos. Se utilizada na hora de dormir, tranquilizará nosso repouso.

Aplicação

Encontramo-nos diante de uma essência que pode ser vaporizada, para uso normal durante o sono, ou diluída na água do banho, para tratamento de pessoas excessivamente tensas. No primeiro caso, deve-se colocar água e cinco gotas da essência no aromatizador e acendê-lo cerca de quinze minutos antes de nos deitar, permitindo que o aroma se espalhe por todo o aposento. Antes de dormir, deve-se fazer um relaxamento, acompanhado dos correspondentes exercícios respiratórios, a fim de aproveitar ao máximo o aroma vaporizado, o que relaxará o corpo durante a noite.

No banho, devem-se depositar até vinte gotas na água da banheira ou em um jarro grande, banhando-se em seguida.

Seja no banho de banheira ou de chuveiro, é importante manter uma atitude mental positiva e receptiva, e emitir afirmações ou invocações como a que se segue:

"Que os elementais da água envolvam todo o meu corpo com esta essência e permitam-me relaxar completamente.
Que os poderes da água e deste perfume façam com que eu me mantenha tão tranquila e serena quanto estou me sentindo agora".

Ópio

Indicação: Estimulante cerebral
Modo de usar: Unção

Comentário

Aqui, iremos tratar do aroma dessa planta e não do alcaloide e seus efeitos. O perfume do ópio é tão antigo como a própria droga que dele é extraída, e suas flores, parecidas com a papoula, eram colhidas pelos trabalhadores chineses, que nelas encontraram um aroma que acalmava as dores.

Esse perfume já teve muitas aplicações em rituais mágicos e esotéricos, pois ajudava os magos a potencializarem suas visões, e até hoje desempenha importante papel em todos os processos de magia.

Aspirar um pouco dessa essência estimula o cérebro, regulariza as batidas cardíacas e ativa o sistema nervoso, o que traz uma sensação de bem-estar. Contudo, se nos excedemos na aspiração, a sensação de bem-estar se transformará em euforia e poderemos entrar em um transe profundo; portanto, prudência é fundamental.

Aplicação

Esse aroma não deve ser usado de forma muito frequente: recomendamos que, no máximo, se disponha dele uma vez por semana. É um aroma que reconstitui a mente e o cérebro, recarregando-o e potencializando-o energeticamente, convertendo-se num perfume ideal para ampliar o valor dos nossos estudos, reflexões e, inclusive, a memória.

Recomendamos que se utilize o ópio na forma de unção, de preferência tarde da noite, antes de ir dormir, ou logo cedo, após o café da manhã. Para fazer essa unção, coloque-se em estado de relaxamento. Depois, unte o polegar e o indicador da mão esquerda com três gotas da essência e visualize a mão esquerda envolta em um halo energético de cor amarela. Acompanhando essa visualização, emita a ordem mental:

"Meus dedos possuem a energia, meus dedos possuem o poder e a essência que potencializarão meu cérebro e, com ele, toda a minha mente".

Em seguida, com os dedos nos quais se aplicou a essência, deve-se tocar o chacra frontal e traçar uma linha até o chacra coronário. Feito isso, coloque mais três gotas de essência nos dedos e trace outra linha, da têmpora esquerda à direita, passando por cima da primeira linha traçada, ou seja, cruzando-a.

Terminada a unção, mantenha-se em estado de relaxamento e respire compassadamente durante cinco minutos, dando-se conta do quanto seu cérebro se encontra reforçado e revitalizado. Para reforçar essa atitude, visualize seu cérebro envolto em uma camada de energia branca.

Se desejar, a sessão de unção pode ser acompanhada pela vaporização de essência de lótus ou de madeiras-do-oriente, que são muito indicadas para a elevação espiritual e regeneração pessoal.

Passiflora

Indicação: Aumenta a saúde
Modo de usar: Banho

Comentário

Conhecida desde a Antiguidade, essa flor encarnou muitas paixões, especialmente porque se interpunha entre os trovadores que acudiam aos balcões de suas amadas para lhes expressar seu mais profundo amor, mas também é uma flor de efeitos tonificantes e medicinais.

Seu simbolismo tem um grande componente teológico, já que encarna o padecimento de Jesus Cristo e significa um recomeço desde o princípio, um "aniquilar-se a si mesmo" para resgatar o homem da queda.

Seu aroma é sedante, ideal para os que padecem de ansiedade e nevralgias.

Aplicação

Esse aroma, cuja principal aplicação é por meio do banho, pode ser usado uma vez por mês, como tonificante ou estimulante da saúde geral – algo como uma vitamina complementar para o organismo. Não é recomendável usá-lo em casos de enfermidade, mas sim quando ela terminar e começar o período de recuperação.

Sua aplicação deve ser feita na Lua crescente (fase lunar de regeneração).

Nesse dia, devem-se depositar cerca de vinte gotas dessa essência na água da banheira ou de um jarro e banhar-se demoradamente. Durante o banho, visualize seu corpo rodeado de uma nuvem energética de cor azul elétrico e, acompanhando a referida visão, faça a seguinte afirmação:

"Meu corpo está se regenerando e se revitalizando.
Que a energia dessa água e desse aroma aumente minha saúde, minhas defesas e a energia de meu corpo. Que essa água, passada sobre o meu peito, me torne cada vez mais jovem e saudável".

Petit Grain

Indicação: Relaxamento mental
Modo de usar: Vaporização

Comentário

Esse perfume é muito parecido com o da flor-de-laranjeira, mas com certos tons acres. Trata-se de uma essência conhecida há muito tempo, mas que carece de uma história palpável, e é bem possível que tenha sido empregada antigamente em práticas de feitiçaria, pois tem a especial qualidade de desanuviar a mente.

Vaporizada, essa essência age sobre a mente, desanuviando imediatamente a cabeça e aguçando o pensamento, produzindo uma sensação de bem-estar e de maior capacidade mental. Magicamente, podemos dizer que o *petit grain* é recomendado para a proteção pessoal, ainda que essa proteção venha mais da ativação de nossos sentidos por meio do poderoso aroma que se desprende e vai para o sistema nervoso.

Aplicação

Eis um perfume saudável que deverá ser aplicado mediante a vaporização indireta ou ambiental sempre que nos encontrarmos diante de um problema de bloqueio mental ou embotamento; com um um desses problemas que nos impedem de pensar corretamente e não facilitam em nada a fluidez das ideias.

Para aplicá-lo, devem-se colocar oito gotas da essência junto à água do aromatizador. À medida que o aroma se espalha, entre em relaxamento e libere sua tela mental, percebendo o quanto a sua mente fica mais clara. Para facilitar o repouso cerebral, faça uma ligeira unção com essência de jasmim no chacra frontal.

Importante: o uso do *petit grain* só é eficiente em casos de estresse ou ansiedade, portanto, se o embotamento mental for decorrente de enfermidade patológica, não o utilize.

PERFUMES PARA OUTRAS UTILIDADES

Almíscar

Indicação: Contra a negatividade
Modo de usar: Unção

Comentário

Eis-nos diante de um perfume mágico por excelência, usado em conjuros e feitiços e muito utilizado na moderna perfumaria. Seu reconhecimento como perfume mágico é antigo. Em 1510, Cornélio Agrippa cita esse perfume em uma passagem de seu livro *Filosofia Oculta*: "...misturando-se madeiras de aloés, costo, almíscar, açafrão e damiana com... acodem imediatamente os espíritos do ar".

Independentemente do uso que Agrippa deu a esse perfume, o aroma de almíscar se caracteriza por seu poder protetor de males mágicos – do mau-olhado às influências negativas – já que, segundo as tão diversificadas crenças da bruxaria medieval, esse perfume formava uma película protetora sobre a pele.

Aplicação

Não é difícil deduzir que esse perfume deve ser usado para se alcançar proteção.

Dada a força que essa essência possui, recomendamos moderação no uso, bastando umas dez gotas para se obter o efeito desejado.

O procedimento de aplicação não pode ser mais simples: respire compassadamente, relaxe bem o corpo e visualize-o envolto em um halo de proteção de luz branca. Tendo formado essa imagem mental, coloque dez gotas da essência na palma de uma das mãos, esfregue-a contra a outra e, a seguir, deslize-as do peito aos pés, na parte da frente e de trás do seu corpo, mas sem massageá-lo – simplesmente desloque de uma só vez as mãos de cima para baixo pelo seu corpo. Concluída essa operação, apoie as mãos no rosto, para que ele também fique impregnado pelo aroma e, ao mesmo tempo, volte a visualizar a aura de proteção em torno do seu corpo.

Cravo

Indicação: Renovação energética
Modo de usar: Unção e massagem

Comentário

O aroma do cravo foi reconhecido em quase todas as culturas como o perfume da iniciação e do conhecimento. Recordemo-nos de que o seu uso era generalizado entre os magos celtas por excelência – os druidas – que o utilizavam em seus ritos há quase dois mil anos. Estamos falando de um perfume com grandes conotações mágicas e energéticas que, ao longo da história, tem sido utilizado como energizador e potencializador natural dos redutos sagrados ou mágicos.

Aprofundando-nos nas suas qualidades, descobrimos que o aroma do cravo também é muito útil para a recuperação energética individual, ou seja, ele ajuda a expandir a energia que habita em cada um de nós, a qual, quando debilitada, traz consequências muito desagradáveis.

Aplicação

Mediante uma simples unção com essa essência, pode-se regular um estado de ânimo alterado por uma discussão, por exemplo, ou promover a recuperação de algum outro tipo de queda energética.

Para tanto, basta derramar dez gotas da essência sobre as mãos, esfregando-as uma na outra e dando especial atenção às falanges dos dedos.

Uma vez ungidas as mãos, deve-se massagear rapidamente cada uma das seguintes partes do corpo: nuca, têmporas, plexo solar e o chacra esplênico. Durante a massagem, faça esta afirmação:

"Com esta massagem, recupero minha energia e tranquilizo minha mente e meu corpo. Com esta massagem, renovo minha energia e, ao fazê-lo, sinto-me muito melhor".

Flor-de-laranjeira (néroli)

Indicação: Autopurificação
Modo de usar: Vaporização

Comentário

Historicamente, a flor-de-laranjeira participou desde a Idade Média dos buquês de noivas, dando-lhes um excelente aroma e sorte no casamento. Antigamente, uma vez consumado o matrimônio, a noiva vinha à janela de sua casa e arremessava o buquê para as outras moças, que esperavam na rua, com a finalidade de que a sorte também as acompanhasse para encontrar um marido. Hoje em dia, a noiva já não espera a união sexual com o marido para lançar o buquê.

Em termos mágicos, o perfume da flor-de-laranjeira é utilizado na autopurificação: aspirá-lo faz com que se diluam os pensamentos negativos. Essa essência é considerada por alguns como afrodisíaca, já que facilita o caminho para que as relações sexuais sejam mutuamente satisfatórias; mas, ainda assim, insistimos em que o seu uso preponderante é o de autopurificação.

Aplicação

O perfume da flor-de-laranjeira é também conhecido como o da sinceridade, pois quando se fala de autopurificação, a coerência é fundamental, sob todos os aspectos.

Esse aroma deve ser aplicado mediante vaporização, e o ideal é fazê-lo em um lugar tranquilo e sossegado, no qual se possa relaxar e pensar, com total liberdade, mas antes de acender o aromatizador e depositar nele algumas gotas dessa essência, esvazie completamente a mente e afirme:

"Vou ser sincero comigo".

Essa simples frase implica um grande compromisso: o da sinceridade. E nunca é demais repetir que a falta de sinceridade durante um ato de contrição na qual se pretenda uma purificação só faz com que nos enganemos, ou seja, não nos permitimos interagir com a nossa própria verdade, e isso significa a nulidade do ato. O perfume, por mais propriedades vibracionais que emita, não opera milagres nem soluciona problemas, se não tivermos a clara intenção de solucioná-los.

A prática diária da sinceridade voltada à purificação pessoal pode tornar o cotidiano mais leve; as tensões, mais amenas; e a existência, mais sossegada.

Mas voltemos à aplicação da essência.

Uma vez consciente da operação a realizar, coloque cinco gotas da essência no aromatizador e acenda-o, deixando que o aroma invada o ambiente. Respire profunda e tranquilamente, deixando que o vapor desse perfume penetre em seu corpo e em sua mente. A cada inspiração, intensifique o desejo de se purificar, e a cada expiração, elimine toda falha, todo erro e todo equívoco de sua vida... Enfim, libere-se de todos os seus tormentos.

Caso não haja clareza mental suficiente para definir quais tormentos precisam ser eliminados e liberados, aproveite o movimento compassado da respiração para deixar que isso venha à tona com tranquilidade. Não se apresse. A cada inspiração, manifeste o desejo de identificar tudo o que causa embaraço à sua vida, e a cada expiração, libere a nuvem densa que dificulta o contato com os seus próprios problemas. Agindo dessa forma, rapidamente os problemas começarão a ser visualizados e você poderá livrar-se dos mesmos com mais facilidade.

Problemas de todo tipo podem ser resolvidos com essa prática, que pode ser realizada a qualquer hora do dia, mas o ideal é que seja à noite.

Após a vaporização, tome uma ducha relaxante e sem utilizar qualquer essência, para tonificar o corpo e prepará-lo para um sono reparador.

A flor-de-laranjeira é considerada o símbolo supremo da pureza e da castidade, e seu aroma, ainda que forte e penetrante, é ao mesmo tempo doce e suave.

Gerânio

Indicação: Relaxamento
Modo de usar: Banho e vaporização

Comentário

Originária da África do Sul, pode-se dizer que essa flor é conhecida desde a origem dos homens. Antigamente, usava-se o gerânio para curar feridas, queimaduras, inflamações. Boticários e barbeiros tinham essa essência em seus estabelecimentos para emergências de ferimentos em geral e, em perfumaria, o gerânio é muito utilizado por ter sua essência assemelhada à da rosa.

Usa-se tanto a folha fresca do gerânio quanto o seu óleo essencial, pois ambos produzem um bom aroma. Como emprego mágico, pode-se dizer que o gerânio, se aspirado, acalma o corpo e o espírito, protegendo-os de vírus e de negatividades.

O gerânio tem um forte poder antidepressivo e diz-se que, cheirando-o, conseguimos repelir energias que não queremos que nos afetem. Sabe-se que o perfume chegou a ser usado em casos de ansiedade e foi recomendado a sanatórios, principalmente por seu poder de relaxamento.

Aplicação

Por ser um aroma de natureza relaxante, é conveniente utilizá-lo em duas modalidades: banho e vaporização.

No banho, basta colocar de dez a doze gotas na água e visualizar, em seguida, a entrada dessas mesmas gotas em nosso corpo, sentindo-o tranquilizar-se à medida que a visualização se torna mais clara.

No caso de vaporização, coloque cinco gotas no aromatizador e acenda-o para que o vapor desprendido impregne o aposento e exerça seus tranquilizadores efeitos sobre a pessoa.

Em ambos os casos, aconselhamos que a pessoa reforce seu estado de tranquilidade com a afirmação:

"Eu estou tranquilo e relaxado".

Pessoas hipertensas ou muito excitadas devem abster-se de usar esse aroma, pois o efeito poderá ser negativo se não se conseguir antes um relaxamento mental satisfatório.

Lilás

Indicação: Ativação do chacra frontal
Modo de usar: Unção

Comentário

O lilás é uma flor muito perfumada que provém da Ásia Ocidental e do sudeste da Europa, onde chegou por volta do século XVI, trazida pelos árabes, que já a conheciam desde o Império Persa. A delicadeza dessa flor foi exaltada numerosas ocasiões nas narrativas de *As Mil e Uma Noites*.

Os remédios, atos mágicos e usos derivados dessa flor ou de seu perfume são quase infinitos. Na Rússia, empregava-se o óleo de lilás para curar reumatismo e, em determinados países árabes, tais óleos, dotados de grande tradição mágico-erótica, eram reconhecidos como ativos componentes que estimulavam a circulação e regeneravam a coluna vertebral.

A essência de lilás ativa a *kundalini* ao mesmo tempo que favorece a abertura do chacra frontal, também conhecido como terceiro olho, sendo este o seu principal uso mágico.

Aplicação

Para expandir o chacra frontal, deve-se ungi-lo com essência de lilás. É preciso relaxar, concentrar-se e dirigir toda a energia mental para o ponto entre as sobrancelhas. A seguir, deposite três gotas de lilás na polpa do dedo médio e passe-o no citado ponto, com movimentos circulares em sentido horário, visualizando a saída da sua energia pelo citado chacra.

Essa prática, realizada com frequência, amplia a capacidade natural de ter pressentimentos, vidências ou premonições, já que o perfume, acompanhado de projeção mental, dota o chacra de uma maior agilidade que, como bem sabemos, não vai redundar em milagres, mas sim na ampliação das nossas qualidades ocultas.

Olíbano ou Incenso

Indicação: Afastar maus espíritos
Modo de usar: Unção e defumação

Comentário

O olíbano, uma goma-resina aromática encontrada no Oriente Médio, África e Índia, era muito valorizada pelos povos antigos, que a utilizavam como incenso, até mais requisitado que a mirra, daí ter ficado conhecido simplesmente como "incenso". Trata-se de um dos perfumes mais antigos da história da humanidade e, talvez, o mais utilizado. Em suas cerimônias de adivinhação, sumérios e acádios utilizavam-no queimado e misturado a serragem de cedro. Dizia-se que a direção da fumaça desse fogo servia para predizer o futuro.

No Antigo Testamento, o incenso aparece em numerosos textos, adquirindo vital importância no Novo Testamento, quando os reis magos do Oriente oferecem-no ao Menino Jesus com ouro e mirra, como bem sabemos.

Egípcios utilizavam-no em suas cerimônias religiosas e judeus adaptaram tal uso para sua cultura. Diz-se, ainda, que se queimava olíbano no altar da Torre de Babel e também nos altares gregos de Zeus e Deméter.

Os romanos deram-lhe o nome latino de *Boswellia thurifera* e sua utilização nas residências da antiga Roma foi tão grande e desmedida que o seu uso precisou ser regulamentado com leis para evitar que faltasse nos templos.

O incenso sempre foi utilizado como perfume cerimonial e também como componente medicinal, já que seu odor balsâmico, quando aquecido, tem excelentes efeitos sobre o processo respiratório. Ele também tem propriedades estomacais e, portanto, convém usá-lo durante a gravidez, pois serve para acalmar as dores uterinas. Sua utilização médica tem sido tão importante que os chineses o empregaram na cura da lepra.

A popularidade do incenso começou a cair a partir do século XVIII, a despeito de quão importante tenha sido o seu uso na Antiguidade, mas hoje em dia está voltando a ser utilizado. Suas propriedades mágicas têm sido reconhecidas – eleva a espiritualidade, reconforta e suaviza a mente e as emoções – e o seu uso está voltando a ser obrigatório nos rituais, já que é tradicional seu poder de afastar os maus espíritos.

Aplicação

A maneira simples de se usar esse perfume é, por si só, polêmica. Há pessoas que, não acreditando na existência do mundo espiritual, pensam que afastar os maus espíritos de uma casa ou até mesmo de uma pessoa é uma verdadeira tolice; outras, porém, creem firmemente na existência de entidades espirituais e no fato de que algumas dessas entidades são de índole nefasta e negativa.

Seja como for, a verdade é que estamos, a todo momento, lidando com a dualidade (positivo e negativo) e com energias cuja procedência ou origem desconhecemos. Se temos isso como certo, podemos dar a esse fator desconhecido o nome que quisermos, pois estaremos lidando com um mesmo fenômeno, capaz de manifestar os mesmos efeitos quando se aproxima de nossas vidas – em termos gerais, energias positivas nos "levantam" e energias negativas nos "derrubam".

O olíbano é um perfume que afasta as más energias e com ele se podem realizar defumações ou unções, sempre em total relaxamento.

Para a defumação, adquira varetas de incenso com o perfume de olíbano e queime-as atrás da porta de entrada e junto a cada janela da casa. A cada vareta que acender, decrete a purificação do local com as seguintes palavras:

"Pela presença de Deus em mim e pelo poder magnético do Fogo Sagrado que me foi confiado, eu purifico este lugar de todo mal, de toda negatividade e de toda involução".

A seguir, una os dedos polegar, mínimo e anular no centro de cada mão e, mantendo o indicador e o médio em riste, estenda a mão esquerda para o chão e a direita para a frente do corpo, abençoando o lugar com as seguintes palavras:

"Em nome do Pai + do Filho + e do Espírito Santo + Amém!"

Para proteção pessoal, use o olíbano na forma de unção: coloque cinco gotas nas mãos, esfregue-as uma contra a outra e passe-as no pescoço, no rosto e nas pernas. Depois, sem quebrar a sequência e com os dedos médio e indicador em riste, como ensinado anteriormente, estenda a mão esquerda para o chão e levante a direita para o alto, enquanto decreta:

*"Pela presença de Deus em mim e pelo poder magnético do Fogo Sagrado que me foi confiado, eu selo, com este perfume, o meu campo energético.
Eu me protejo de todo o mal e de toda a negatividade, assim como afasto todo o mal e toda a negatividade que em mim estiverem".*

A seguir, trace um pentagrama com a mão que estiver voltada para o alto, de forma que ele se situe sobre a sua cabeça, trace um círculo à sua volta e com os dedos voltados para o centro do pentagrama, santifique-o, dizendo:

"Em nome do Pai + do Filho + e do Espírito Santo + Amém!"

Enquanto você faz o decreto de proteção, procure visualizar uma densa nuvem negra à sua volta, a qual vai se diluindo pouco a pouco e acaba por desaparecer completamente quando o pentagrama é traçado, fazendo, então, eclodir uma explosão de luz de todas as cores sobre a sua cabeça.

O olíbano presta-se também à unção para proteção e limpeza de objetos em geral, pois quer os tenhamos comprado ou ganhado de pessoas amigas, de maneira gentil e amorosa, nada impede que cheguem às nossas mãos impregnados de resíduos negativos do ambiente em que foram adquiridos ou de uma outra pessoa, caso sejam de segunda mão.

Jacinto

Indicação: Sonhos reveladores
Modo de usar: Massagem

Comentário

Esse perfume é conhecido há muito tempo. Na Idade Média, flores de jacinto eram presas nas portas das casas para afastar os maus espíritos e também usadas por jovens donzelas, a título de proteção.

Jacinto é um perfume protetor, ideal para ser usado quando temos de ir a locais desagradáveis, nos quais possamos nos deparar com energias negativas ou com pessoas que possam utilizar poderes ruins contra nós. Como sua ação é dirigida por Vênus, esse perfume tem maior eficácia na sexta-feira, quando podemos usá-lo com toda a tranquilidade e confiança, já que, por ser um dia de Vênus, seu poder se multiplica.

Por outro lado, a história mágica dessa essência diz que, sob a sua atuação, os sonhos se ampliam, podendo se tornar premonitórios, e que aí reside a sua principal atribuição.

Aplicação

Usar essa essência e ter sonhos premonitórios, com certeza, seria o desejo da maioria dos leitores. Mesmo assim, o fato é que esse aroma tem suas limitações e, realmente, o que ele favorece com seus eflúvios é o afloramento dos sonhos, facilitando sua lembrança. Está comprovado que os sonhos são uma mensagem do subconsciente, então, o importante é recordá-los. Com a aplicação desse aroma você poderá recordar-se dos seus sonhos com mais facilidade e, assim, analisando as mensagens vindas do seu subconsciente, aprender mais sobre si mesmo.

A unção deve ser feita sempre à noite, antes de se deitar. Coloque umas poucas gotas da essência nas pontas dos dedos (dez, no máximo) e massageie suavemente o couro cabeludo, concentrando-se no fato de que seus sonhos serão lembrados no dia seguinte.

Lótus

Indicação: Aumentar a espiritualidade
Modo de usar: Vaporização ou defumação

Comentário

As flores de lótus datam de milhares de anos; tanto é assim que podemos observá-las em numerosos monumentos egípcios, abundantes iconografias chinesas, japonesas e hindus e também na Idade Média, como importante símbolo místico de tradicionais escolas de mistérios. Dizem alguns autores que a flor de lótus é o símbolo do mundo e a imagem da "Roda Cósmica".

O lótus simboliza a vida nascente e a evolução, relaciona-se com a mandala e o lótus sagrado da Índia e ainda simboliza a revelação final de todos os mistérios, que é o lótus de mil pétalas.

O perfume de lótus é um importante elixir que atenua os problemas emocionais, purifica o organismo de toxinas e, outrossim, exalta e purifica o processo natural de expansão espiritual. Seu aroma é perfeito para acompanhar meditações, preces, atos devocionais e tudo aquilo que simbolize o encontro do homem com seus deuses ou seres interiores.

Aplicação

A melhor forma de aproveitar as qualidades do aroma de lótus é mediante a vaporização. Quem quiser expandir o poder natural da oração ou da meditação, abrindo os canais de percepção, deve colocar cinco gotas da essência de lótus no aromatizador e acendê-lo para que o perfume se espalhe pelo aposento, ou acender três varetas de incenso de lótus e, igualmente, deixar que o aroma se espalhe.

Depois, deite-se ou sente-se comodamente e faça uma sequência de respiração compassada, permitindo que o aroma entre em seu corpo de forma pausada, mas contínua. Em seguida, realize a sua meditação, oração ou o ato devocional que quiser praticar e, ao terminar, repita a sequência respiratória, que ajudará a tomar consciência da ação realizada e a ancorar os seus efeitos no plano físico da Terra.

Muitas pessoas que oram e meditam com a essência de lótus costumam creditar-lhe graças recebidas; contudo, por mais atribuições mágicas que um aroma contenha, saiba que qualquer graça alcançada deve-se, principalmente, à capacidade interior de uma pessoa de orar com sinceridade e concentrar-se naquilo que deseja obter. O perfume, qualquer que seja, será sempre um coadjuvante, um detonador da potencialidade espiritual humana.

Madeiras do Oriente

Indicação: Transformações pessoais
Modo de usar: Vaporização

Comentário

Aqui, estamos falando de um perfume elaborado com as madeiras perfumadas que, no Oriente, fizeram história por seus aromas e fortaleza. Quando nos referimos a "madeiras do Oriente", falamos das árvores que serviram para aromatizar, desde a mais legendária antiguidade. Em Ezequiel 27:5-6, encontramos: "De zimbro do Sanir fabricaram as tábuas das tuas naus, tomaram um cedro do Líbano para construir o mastro. De carvalhos de Basã fizeram os remos, fizeram para ti um convés de marfim incrustado no cipreste trazido das ilhas de Cetim".

Trata-se, pois, não só de boas madeiras, como também de madeiras olorosas como os cedros, os carvalhos e o pinheiro.

A madeira é um símbolo-matriz e, queimada, simboliza a sabedoria. Os valores mágicos e fertilizantes da madeira empregada nos sacrifícios são transmitidos por meio das cinzas e do carvão. Os persas consideravam que os veios da madeira eram portadores do fogo e da vitalidade, e seu aroma trazia todos os atributos desses elementos.

O perfume das madeiras do Oriente nos faz lembrar das tão legendárias quanto exóticas árvores *kitha*, *koumeneth* e *sehorab*, além de muitas outras colossais árvores que cresceram e se desenvolveram majestosamente na zona mesopotâmica.

Aplicação

Estamos diante de um perfume de regeneração e a melhor forma de aplicá-lo é mediante a vaporização.

Coloque dez gotas da essência no aromatizador, acenda-o, acomode-se confortavelmente e relaxe. Quando o aroma começar a se exalar, visualize uma nuvem azul brilhante diante de você e sinta que dessa nuvem saem raios igualmente azuis, dirigidos para o seu corpo e que, chocando-se com ele, fazem-no regenerar-se e tornam você uma pessoa mais equilibrada e feliz.

Essa visualização deve ser acompanhada da seguinte invocação:

"Corpo e mente – pelo sagrado poder das madeiras orientais que foram queimadas perante os deuses, eu lhes ordeno que agora se regenerem, neste exato instante. Assim seja!"

Mimosa

Indicação: Estimula os bons sonhos
Modo de usar: Vaporização e unção

Comentário

Os romanos lhe deram o nome latino de *mimus*, de onde vem seu nome atual de mimosa. A origem dessa flor amarela de suave aroma é a Austrália e também as ilhas da Oceania, ainda que também seja conhecida na Europa desde tempos muito antigos; mas se desconhece, contudo, como foi que a mimosa chegou à Europa.

O perfume da mimosa é suave e induz a sonhos, mas é também um aroma que atrai o amor, razão pela qual foi utilizado antigamente por feiticeiras e bruxas em seus elixires mágicos para solucionar problemas amorosos.

Não obstante, sua principal aplicação se refere aos devaneios, aos sonhos. Recomenda-se aspirá-lo antes de dormir, pois seu aroma produz sonhos premonitórios que revelam o futuro, nem sempre de forma clara, mas por meio de uma simbologia que deveremos interpretar com sabedoria.

Aplicação

Essa é uma boa essência para práticas mágicas.

Quem é que nunca desejou ter um sonho sobre o futuro, um sonho realmente revelador? É evidente que esse perfume não irá provocar diretamente os tais sonhos premonitórios, mas os favorece.

Para seu uso é recomendável recorrer à unção, juntamente com a vaporização.

Pouco antes de se deitar, faça um relaxamento completo e, a seguir, aplique uma gota da essência em cada uma de suas têmporas e outra no seu chacra frontal, afirmando:

"Com este aroma terei um sonho que me trará uma clara revelação acerca de (assunto)".

Em seguida, coloque dez gotas da essência no aromatizador, que deverá estar no quarto, acenda-o e deite-se. Enquanto pratica uma série respiratória ritmada e consciente, mantenha-se afirmando:

"Com este aroma terei um sonho que me trará uma clara revelação acerca de (assunto)".

Quando se busca induzir sonhos proféticos e reveladores, é extremamente importante anotar toda e qualquer lembrança dos mesmos tão logo se acorde. É muito possível que, de início, você não perceba qualquer diferença entre os seus sonhos induzidos e os sonhos que tinha antes, mas em pouco tempo os resultados se farão notar. Também é possível que seus sonhos induzidos não sejam exatamente proféticos e reveladores, mas sim esclarecedores, e isso ocorre porque a indução trouxe à tona a visão do seu subconsciente acerca de fatos recentemente acontecidos, o que não deixa de ser positivo, pois permite um melhor entendimento e, consequentemente, dá mais firmeza na tomada de decisões sobre o mesmo.

   Quem quiser adotar a prática de indução de sonhos deve, na medida do possível, informar-se com mais profundidade sobre a simbologia onírica a fim de que possa interpretá-los com mais precisão.

Mirra

Indicação: Aumenta a espiritualidade
Modo de usar: Banho e vaporização

Comentário

   Mirra é um perfume que sempre, desde a mais remota antiguidade, foi considerado precioso. Não nos esqueçamos de que mirra foi um dos presentes que os reis magos do Oriente ofereceram ao Menino Jesus, em Belém, e que esse é um aroma que tem grandes conotações bíblicas.

   Os gregos atribuíram a origem da mirra às legendárias e mitológicas lágrimas de Mirra, filha de Ciniro, rei de Chipre, que havia sido transformada em um arbusto.

   Não obstante, muito antes dos gregos, os egípcios já utilizavam a mirra, cuja verdadeira origem encontra-se no nordeste da África e no sul da Arábia, mais especificamente entre os rios Tigre e Eufrates, no antigo Império Babilônico da época de Moisés.

   O aroma de mirra, amargo, mas exótico, tem sido utilizado em magia, ritos e na religião há mais de quatro mil anos. Em Heliópolis, os egípcios queimavam mirra todos os dias, ao meio-dia, como oferenda no culto do Sol, e também a utilizavam nos processos de mumificação. Popularmente, era usada como cosmético, nos emplastros faciais.

   No que se refere à magia, a mirra é utilizada ritualisticamente e seu aroma é capaz de induzir a estados de grande espiritualidade, colocando-nos em contato com as divindades. Todo bom mago já se valeu da mirra em seus ritos, com toda certeza!

Aplicação

   Achamo-nos diante de um perfume perfeito para acompanhar uma vida mística, de repouso e de relaxamento; de um aroma que pode ser aplicado no banho e também vaporizado, ideal para acompanhar uma meditação, uma sessão de ioga, uma prece e muito mais, ajudando-nos a nos distanciar do estresse da vida diária e a nos aproximar de nós mesmos.

Em banho, basta diluir de dez a quinze gotas na água da banheira ou de um jarro grande e banhar-se longamente para tonificar e relaxar o corpo (mulheres grávidas devem abster-se de banhos com mirra).

O perfume, em contato com a pele, provoca a distensão muscular e a limpeza energética da mesma, favorecendo a receptividade dos diferentes chacras e zonas energéticas do corpo.

Durante o banho, é importante manter-se o tempo todo em atitude de paz, de sossego, de calma, tentando deixar a mente "em branco", sem pensar em nada e apenas deixando-se levar pelo contato da água na pele.

A aplicação da essência por meio da vaporização pretende regular a atividade cerebral e a emissão de ondas, favorecendo assim a receptividade, a produção de ideias e o contato da pessoa com o seu interior.

Para alcançar uma efetiva aplicação por meio da vaporização, deve-se colocar no aromatizador uma gota da essência de cada vez, até um máximo de cinco gotas, de maneira que o perfume acompanhe sem perturbar, favorecendo o sossego e a tranquilidade durante uma oração ou meditação, e sem se converter no detonador que a produza. Se a prática mental tiver de ser longa, podem-se renovar as gotas no aromatizador tantas vezes quanto for necessário.

Sabe-se que essa essência é excelente para a produção de ideias e que suas qualidades fazem com que nos aproximemos de nós mesmos, e como se trata de um perfume relacionado a Saturno, isso é facilmente compreensível; mas quem não tiver consciência de si, quem não praticar o autoconhecimento, quem não se analisar periodicamente ou não desejar pensar em algo além do trivial, dificilmente alcançará efeitos como os citados. É bom que não nos esqueçamos de que um perfume pode ajudar, mas somos nós que decidimos pelo caminho a ser trilhado.

Sândalo

Indicação: Eleva espiritualmente
Modo de usar: Unção e vaporização

Comentário

É da madeira do sândalo, que tem origem indo-malaia, que se extrai essa essência tão macia e envolvente. Na Índia, a essência do sândalo é conhecida desde a Antiguidade e, inclusive, aparece no *Nirukfa*, tratado védico do século V a.C. Lá, o sândalo era tido como a panaceia que curava todos os males e fazia parte de todos os rituais religiosos, e sua madeira serviu para construir centenas de templos que, apesar dos anos, conservam o delicioso aroma.

Elemento muito usado em todas as cerimônias religiosas, sua madeira era disputada até mesmo pelas funerárias da Índia, para aromatizar as piras crematórias. Seu aroma cálido e lenhoso estimula a espiritualidade, a união religiosa e, inalado, serve para ajudar na meditação. Em algumas culturas, é tido como afrodisíaco.

A palavra "sândalo" deriva do sânscrito, "chandana".

Na China, encontramos o sândalo na região de Ling-Nan, e no Havaí, onde o sândalo possivelmente foi levado pelos chineses, existe uma grande quantidade de edificações construídas com essa nobre madeira; já os egípcios utilizaram-no em rituais, no embalsamamento de múmias e na elaboração de cosméticos.

Cornélio Agrippa, em sua já mencionada *Filosofia Oculta*, fala da utilização do sândalo misturado com raiz de cicuta, teixo, barbalho e outras substâncias para fazer desaparecer os demônios e figuras estranhas.

Aplicação

Essa é outra das essências que auxiliam nos processos de concentração e permitem a elevação espiritual necessária para que preces e orações atinjam mais rapidamente o plano dos anjos, nossos mensageiros, e sejam mais prontamente atendidas.

Para criar o ambiente ideal para meditar, concentrar-se e orar com devoção, coloque cinco gotas da essência de sândalo no aromatizador ou acenda três varetas de incenso de sândalo. Mantenha o ambiente aromatizado enquanto durar a sua prática.

Resumo das Indicações do Apêndice

Perfume	Objetivo	Utilidade
Almíscar	*Vários*	*Contra negatividade*
Âmbar	*Amor*	*Expandir o amor*
Arruda	*Amor*	*Ciúmes e discussões*
Baunilha	*Amor*	*Afrodisíaco, estimulante*
Camélia	*Amor*	*Expansão e atração*

Canela	Saúde	Circulação sanguínea
Cedro	Saúde	Pele, catarro, resfriados
Chipre	Dinheiro	Sorte em jogos
Ciclâmen	Saúde	Obstipação
Coco	Amor	Estimulante
Cravo	Vários	Renovação energética
Ervas	Dinheiro	Assuntos de trabalho
Flor-de-laranjeira	Vários	Autopurificação
Gerânio	Vários	Relaxamento geral
Heliotrópio	Dinheiro	Superação econômica
Incenso	Vários	Afasta más influências
Jacinto Vários	Vários	Sonhos profético
Jasmim	Saúde	Repouso mental
Lavanda	Amor	Reconciliação
Lilás	Vários	Abertura de visão
Limão	Saúde	Tônico, anti-inflamatório
Lírio-do-vale	Saúde	Ativa a memória
Lótus	Vários	Ativa a espiritualidade
Madeiras-do-oriente	Vários	Regenerador
Madressilva	Dinheiro	Melhora a economia
Mimosa	Vários	Sonhos proféticos
Mirra	Vários	Eleva a espiritualidade
Morango	Amor	Ativa desejos
Narciso	Amor	Buscar amizades
Nardo	Saúde	Tranquilizante
Ópio	Saúde	Estimulante cerebral
Passiflora	Saúde	Melhora em geral
Patchuli	Vários	Sorte em jogos
Petit Grain	Saúde	Tranquiliza a mente
Pinho	Amor	Aumenta a atração
Sândalo	Vários	Expande a espiritualidade
Urze	Dinheiro	Clareza de ideias
Verbena	Dinheiro	Solução de problemas
Violeta	Amor	Expansão do amor